京都を学ぶ【洛西編】

―文化資源を発掘する―

京都学研究会編

はじめに

「京都の文化資源」共同研究プロジェクトは、京都府立京都学・歴彩館と京都府内の大学・研究機関との連携によって推進されている。平成二七年度から、まず「洛北の文化資源」の発掘を目指して開始され、共同研究会報告書にまとめるとともに、京都学研究会編『京都を学ぶ【洛北編】―文化資源を発掘する―』（ナカニシヤ出版、二〇一六年）として刊行された。

翌年の対象は「丹波」であり、やはり報告書と一般書を刊行した。ついで、「南山城」が対象となり、共同研究会報告書をとりまとめるとともに、一般書にとりまとめた。

本書はこの一連のプロジェクトの第四弾である。研究会のスタート時点では、目的についての共通理解を得るためと、重複をさけるために若干の調整は行ったが、各研究者の研究テーマは基本的にそれぞれに構想していただいたものである。ただ、対象とした洛西の範囲については、後続のプロジェクトの対象地域を考慮して、嵯峨野・嵐山付近から南の桂川流域を対象とし、南は大山崎まで含めている。この点、通常の洛西の範囲とはやや異なることをご了解いただきたい。研究結果は、『平成三〇年度　京都府域の文化資源に関する共同研究会報告書（洛西編）』（京都府立京都学・歴彩館、令和元年九月）にとりまとめた。

本年度初めには共同研究会において、この報告書に収載された七編の各報告の口頭発表をお願いし、一般書刊行に向けての討議を行った。研究報告書はより完全な形での研究報告を収載しているものの、多くの方々にとって、どうしてもとりつきにくいのが実情であり、研究会の目的がより広く理解され、文化資源への認識が少しでも深まるためには、研究報告を基礎としながらも、わかりやすい形に再編する必要があるからである。またそのために、報告書にはなかった対象について、総論のほか、新たにコラム七編を加えた。

このようにしてできあがったのが本書であり、研究会にご参加いただいた研究者の方々には、ご多忙のところ二度にわたる執筆をお願いすることとなった。

また本書の編集については、京都学・歴彩館長の金田章裕と京都府立大学文学部教授の小林啓治が担当した。出版についてはこれまでと同様に、ナカニシヤ出版のご高配を得ることとなった。本書が洛西の文化資源の発掘とその理解の広がりに、多少なりとも寄与することがあれば、研究会としてこれほど幸いなことはない。

令和元年一二月

京都学研究会代表　金田章裕

京都を学ぶ【洛西編】―文化資源を発掘する―

目次

京都を学ぶ【洛西編】—文化資源を発掘する—

目次

洛西概略図

龍安寺
仁和寺
大覚寺
大沢池
広沢池
清凉寺
嵯峨
右京区
上京区
妙心寺
保津峡駅
嵯峨野観光(トロッコ)線
霞中庵庭園
大河内山荘
嵯峨嵐山駅
JR山陰本線
花園駅
天龍寺
嵐山駅
臨川寺庭園
蚕の社
渡月橋
嵐山
太秦
松尾大社
上桂
西芳寺
松尾
阪急嵐山線
下京区
老の坂
桂
桂離宮
西京区
桂駅
沓掛IC
下津林
阪急京都線
大原野IC
桂川駅
南区
大原野神社
吉祥院
上鳥羽
京都府
物集女車塚古墳
東向日駅
向日町駅
京都南IC
JR東海道本線
大原野
向日市
善峯寺
光明寺
西向日駅
東海道新幹線
久我
ポンポン山
京都縦貫自動車道
粟生
長岡
羽束師
長岡天神駅
長岡京駅
長岡天満宮
長岡京IC
勝竜寺
桂川
京阪本線
宇治川
大阪府
第二京阪道路
淀駅
天王山
大山崎JTC・IC
大山崎山荘
京滋バイパス
宝積寺
大山崎町
聴竹居
久御山JTC
山崎駅
妙喜庵
大山崎駅
久御山町
木津川

I　桂川流域の洛西

I　桂川流域の洛西

洛西を貫流する桂川

金田　章裕

桂川と平安京

洛西とは、洛中の西側一帯という意味の呼称である。本書では洛中と西山との間の、北は嵐山付近から、南は大山崎付近までを含めている。この洛西を貫いて流れているのが桂川《かつら》であり、平野部の大半は桂川の堆積による。桂川は嵐山付近で京都盆地の平野部に出て、旧葛野《かどの》郡と乙訓《おとくに》郡を貫流して宇治川と合流し、淀川となる。

桂川は古代には葛野川《かどの》と呼ばれた。丹波国から流れ下って山城国に入ると、まず葛野郡を流れるからであろう。また、葛川《かつら》とも記された。桂川に通じる呼称である。嵐山付近より上流では、現在では保津川と呼ばれるのが普通であり、さらに上流部は大堰（井）川と呼ばれている。

桂川は洛西を単に貫流するだけでなく、東の鴨川とともに、平安京にとってもきわめて重要な河川であった。何よりもまず、平安京を両河川の洪水から守る必要があった。貞観三（八六一）年には、「防葛野河使」が設置され（『類聚三代格』同年太政官符）、鴨川の防鴨河使《ぼうかし》と同様に「葛野河」管理と洪水防止の役を担っていた。

延暦一八（七九九）年には、「都」に近い「山城国葛野川」が洪水のたびに「徒渉」できなくなって困るので、「楓、佐比」の二渡に「渡子」を置かせた（『日本後紀』）。この「楓」をカツラとみなして桂川の渡し（山陰道）とする説がある。

また「佐比」渡は、平安京右京を南北走した「佐比大路」の名称、さらには平安京南西側の「紀伊郡十一条下佐比里、十二条上佐比里」など、条里プランの里の名称とも共通する。前者の大路名と関わっていたとすれば、「佐比大路南極橋」（『日本三代実録』貞観一一年）のように南方向への渡し、後者の条里プランの里名と関わっていたとすれば紀伊郡十一・十二条間にあった東西方向の「大縄手」における西方への渡しであろうが、どの道に関わっていたのかは明確ではない。

『日本紀略』によれば、防葛野河使が設置される以前の延暦一九年には、「山城、大和、河内、摂津、近江、丹波等の諸国民一万人を発し、以て葛野川堤を修す」と葛野川の大規模な築堤工事をしたことが知られる。

さらに大同三（八〇八）年六月にも、「葛野河（の洪水）を防ぐために」親王や諸司の笏を持つクラスの役人がそれぞれ役夫を提供したことが知られ、また同年七月にも、「葛野川を掘る役夫」という河川工事に関わる表現が見える。

これらの史料にみえるように、桂川への対応として、まず洪水対策があったことが知られる。

桂川の河川敷と葬送・放牧地

先に紹介した条里プランの里名、「紀伊郡十一条下佐比里、十二条上佐比里」とは、貞観一三（八七一）年に次のように規定された太政官符（『類聚三代格』巻八）にみられる里名である。

葬送幷放牧地を定る事
山城国葛野郡一処　五条荒木西里、六条久受原里に在り
四至　東を限る西京極大路、西南を限る大河、
北を限る上の件の両里北畔
紀伊郡一処　十条下石原西外里、十一条下佐比里、十二条上佐比里に在り
四至　東を限る路幷古河流末、西南幷限る大河、
北を限る京南大路西末幷悲田院南沼

この二処（二か所）の土地はもともと「百姓《ひゃくせい》葬送之地、放牧之処」、つまりいろいろな人々が葬られたり、家畜を放牧したりする土地であったのにもかかわらず、占有して農業を営むなど「占営」するものが増えたとして、改めて「葬送放牧地」として限定し、使用するように定めたものである。

平安京成立から五〇年ほど経過した承和九（八四二）年に、「嶋田及鴨河原」の「髑髏《どくろ》」を集めて焼い

たところ、その数が「五千五百余頭」に達したことを記録している（『続日本後紀』）。この「嶋田」川の位置については不明であるが、東の鴨川に対して、西の御室《おむろ》川を充てる説もある。いずれにしろ河川敷が実際に葬送・放牧地とされていたことを示すものであろう。右の二処も河川敷であった。

　条里プランを復原すると、図1

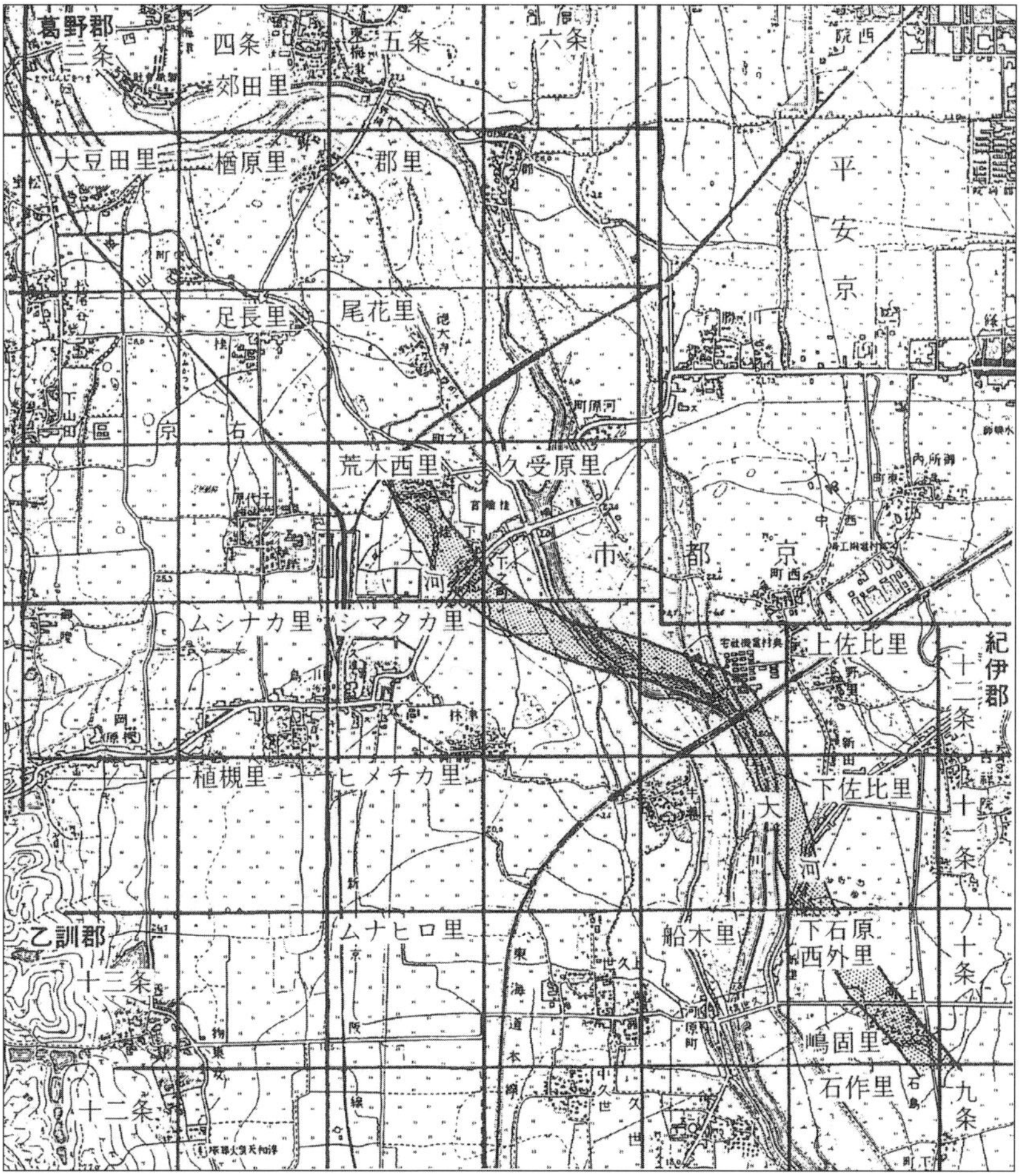

（図1）平安京西南郊外の条里プランと貞観13年（871）太政官符に記された「大河」（基図は大正11年測図、昭和6年修正、2.5万分の1地形図京都西南部、『微地形と中世村落』図6）

（金田章裕 一九九三）のように、葛野郡五条荒木西里と六条久受原里は平安京南西隅の西側、紀伊郡十条下石原西外里と十一条下佐比里および十二条上佐比里は平安京南西隅の南側に相当することが知られる。二か所のいずれも西南側が「大河」で限られているので、図1のように西南を桂川に限られた平安京外縁部分が「葬送放牧地」として規定されていたことになる。

平安末の仁平三（一一五三）年には、紀伊郡上佐比里の東隣の下布施里のうち一二町以上、つまり里の三分の一以上が河道・湿地であったことが知られる（『平安遺文』三、東九条領検注坪付帳案）。この付近一帯は、紙屋川が桂川と合流する地点付近でもあり、河道・湿地はさらに広がっていたと思われる。

前掲の葬送放牧地の四至に表現された「大河」が桂川の本流に相当するが、条里プランの復原によれば、その位置は図1のようになる。現在桂川は、桂離宮の東側を流れるが、九世紀頃には、桂離宮よりさらに西方を流下していたことになる。

さらにこの太政官符における、紀伊郡葬送放牧地一処の北を限る「京南大路西末《にしのすえ》」という表現にも注目したい。京南大路とは九条大路に相当するが、この一処の北側付近は右京九条三坊付近であり、本来であれば、右京南辺の九条大路そのものであったはずである。北を限る境界は、平安京の都市計画からすれば、京南大路そのものの位置である。

ところが、「西末」という京南大路の西への延長線を意味する表現でしか記載されていないのである。右京九条三・四坊付近は市街が形成されておらず、また街路も建設されていなかったとみられ、政治・行政の最高機関である太政官にとっても、京南大路の、西の京外への延長といった認識の表現となっていたものであろう。

桂川の河道変遷と用水路

このように、平安京南西隅付近における桂川の河道は、位置も河川敷の様相も、いずれも現在とは大きく異なっていた。

桂川の河道を表現した中世の絵図類は東寺百合文書（京都府立京都学・歴彩館蔵）や教王護国寺文書（京都大学総合博物館蔵）などに何種類も残っている。図2はその内の「山城国上桂荘指図」（東寺百合文書、正和五年（一三一六）ごろ）と呼ばれている絵図である。この絵図中の河道は、一見すると現在の河道とよく似た湾曲を示しているので、長い間、現在と同様の河道を表現しているものだと思われてきた。しかし実際には、表現された河道の位置は図1のように、葛野郡条里プランの東西に並ぶ「櫟原里・郡里」の里の列と、その南側の「足長里・尾花里」の里の列の境界付近、現在の河道からすれば六〇〇〜七〇〇メートル程南側の位置であった。

図2の絵図では、例えば「上野里」という集落名が、河道の北側に標記されている。しかし現在は、桂川河道の南側に上野の集落が立地している。絵図の表現と現状とでは、位置関係が逆転していることになる。つまり、桂川河道が北方へと変遷したか、または上野の集落が南へと移転したか、いずれかであったことを反映しているとみられる。

ところでこの付近については、都市化が進行する以前の空中写真を利用することができるので、それによれば図3（金田章裕 一九九三）のように、桂川がかつて流れていた跡、つまり旧河道を抽出することができる。同図に表現したように、いわば多くの紐が乱れたように多くの旧河道が存在しており、河道が何回にもわたって変遷したことが知られる。

図3に「桂川」とした位置が現在の桂川河道である。現在の河道は両側に築堤されて固定され、川幅は旧河道よりはるかに広い。しかし旧河道は、通常の川幅が随分狭かったことを反映し、多くは幅三〇〜四〇メートル程度であった。

図1の基図とした地形図では、河川敷の中の実際に川が流れている部分は二〇〜三〇メートル程度であったことが知られ、むしろ旧河道の幅に近い。現在では増水時に築堤された河川敷いっぱいに水が流れ

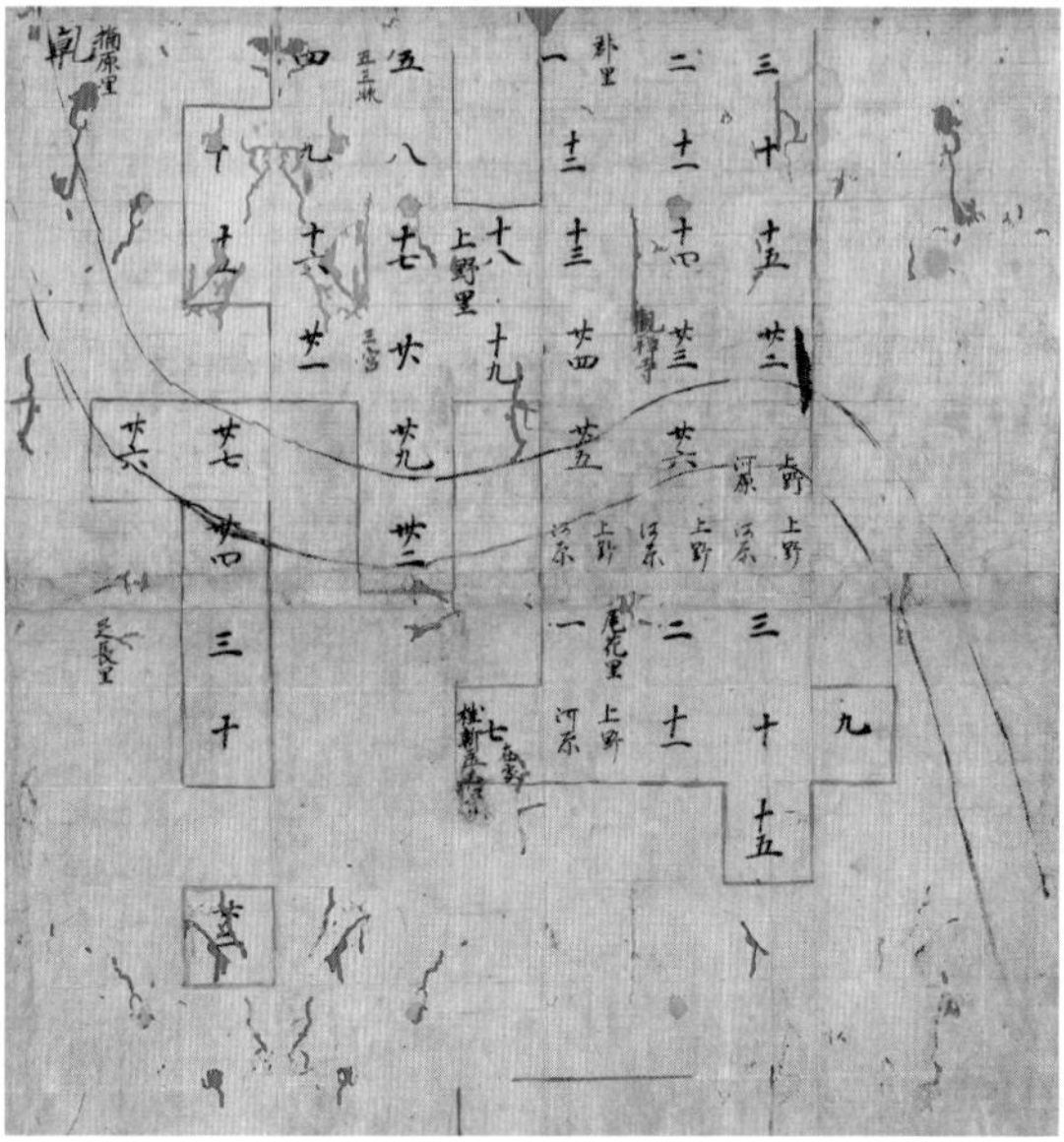
（図2）山城国上桂荘（上野荘）差図（東寺百合文書WEB）

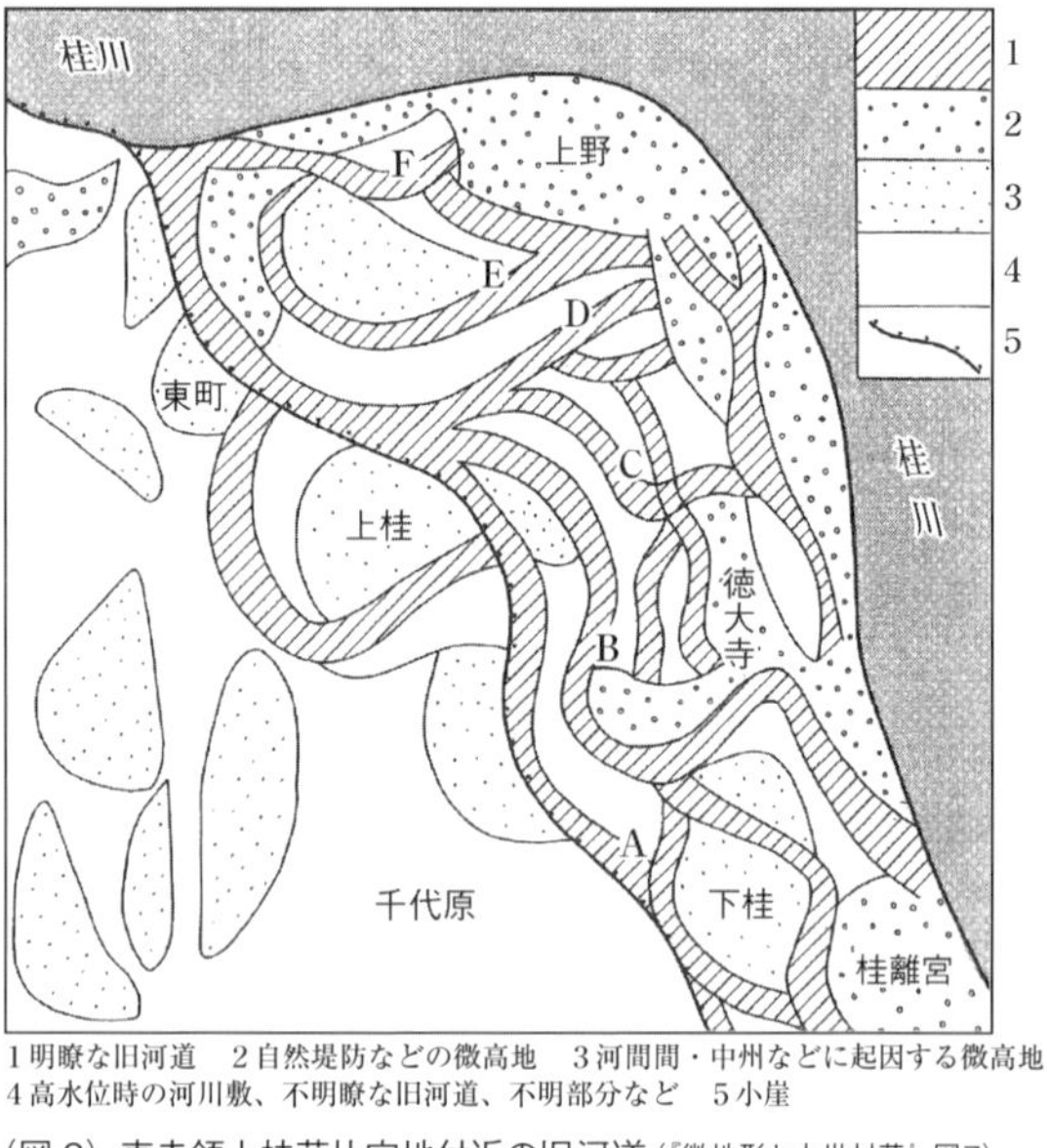

1明瞭な旧河道　2自然堤防などの微高地　3河間間・中州などに起因する微高地
4高水位時の河川敷、不明瞭な旧河道、不明部分など　5小崖

（図3）東寺領上桂荘比定地付近の旧河道（『微地形と中世村落』図7）

る。

これに対して堤防による洪水防止が不十分であった時代には、旧河道が通常の川幅であり、増水時には洪水として溢流したり、他の旧河道へも流入したりしたと考えられる。図3のような旧河道はこのような状況であったことを示すものであろう。

さて、図3の旧河道を、条里プランの復原によって判明する河道の位置と照らし合わせると、Dとした旧河道が図2に表現された一四世紀前半の桂川河道であったと推定される。さらにAが図1の九世紀の河道であったことも判明する。桂川の河道は九世紀以来、洪水のたびごとに北東方向へと河道を変遷したと考えられる。

ところで、明徳五（一三九四）年から応永一二（一四〇五）年頃のものと考えられている山城国上野荘指図（教王護国寺文書）に表現された桂川河道はすでに「上野」の北側に河道が描かれており、一四世紀末あるいは一五世紀初めにはほぼ現河道の位置であったと思われる。右岸には、上野の西側に東から「西芳寺井・上野井・下久世井・上久世□・上桂□」の五本の用水路が描かれている。井関は描かれていないが、これらは桂川にそれぞれの取り入れ口を有していたように表現されている。

ところが約百年後の明応四（一四九五）年の山城国桂川用水指図（図4、東寺百合文書）では、桂川上流に「法輪橋（渡月橋の前身）」が、中流に「桂橋」が描かれ、その間に七か所の井関が描かれている。左岸に「二井・梅津井・郡川勝寺井・醍醐田井」の四用水が、右岸に「一井・十一ヶ郷号今井溝・上野井」の三用水が描かれている。約百年前に五本の個別用水路であったところが三本となり、合口された井関が設けられたことが知られる。

とりわけ「十一ヶ郷、今井溝と号す」と注記された用水「今井溝」は、約百年前には存在しなかった用水であった。しかも「松尾馬場先」と特に標記された井関から取水しているものであった。また、この指図自体が、前年から始まった西岡五ヶ荘と石清水八幡宮西八条西荘との相論に際して、西八条西荘から提出されたものであった。この用水路は上桂の東付近で二つに分かれ、東側の用水には「下五ヶ郷溝」、西側の用水には「上六ヶ郷溝」と記されている。前者の下流には「御庄、下桂、牛瀬、築山、大藪」が、後者には「上桂、下津林、上久世、下久世、河幡、寺戸」などの集落名が標記されており、「十一ヶ郷」とは、以上の村々を指していたものと思われる。この今井溝はしたがって、桂川左岸の上桂付近から、下久世付近までの広い範囲を潤す用水路であったことになろう。

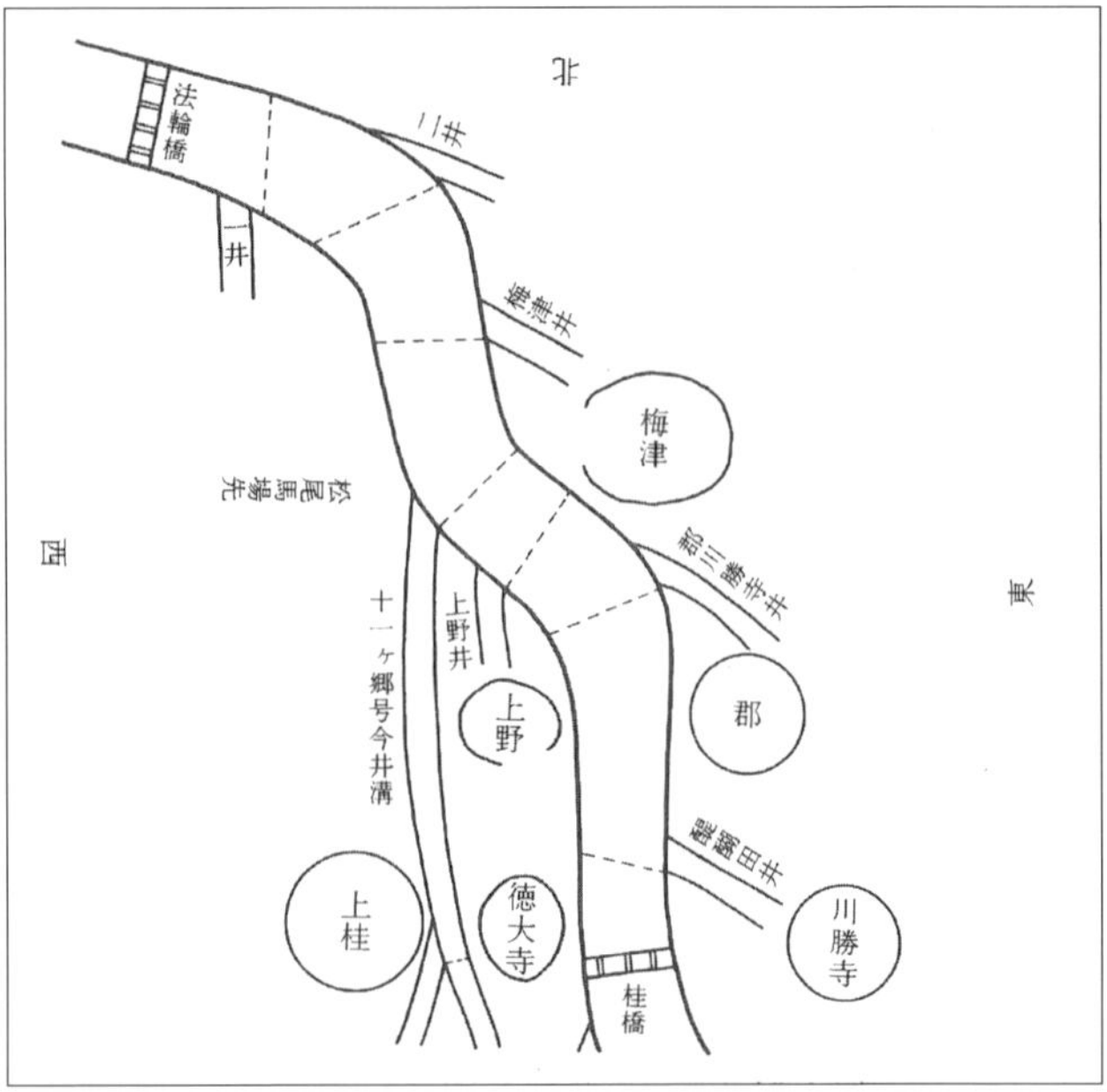

(図4) 山城国桂川用水差図の概要（北半部）(東寺百合文書ツ函から作成)

図3に戻ると、Aの河道からDの河道へは、長徳四（九九八）年から正和五（一三一六）年の間、Dの河道から現河道へは、正和五年から明徳五（一三九四）年ないし応永一二（一四〇五）年頃の間であったこととなる。『京都の歴史10　年表・事典』は、AからDへの時期に延久三（一〇七一）年、同五年、長治二（一一〇五）年、長承三（一一三四）年、建久元（一一九〇）年の洪水を、Dから現河道への時期に

は延文元（一三五六）年、永徳三（一三八三）年、応永九（一四〇二）年などの洪水があったことを記している。いずれの洪水が桂川の河道変遷を伴ったものかは不明であるが、洪水が多かったこと、旧河道が多く存在することは事実である。

桂川の水運

平安京＝京都では、丹波国山国・黒田など、大堰川の上流地域の木材が重要な建設資材であった。丹波材と総称された木材が、筏流しによって京都にもたらされた。平安京造京に際して、この地域に禁裏御料杣《そま》役が設定されたことに由来する。近世初頭頃には、上流の林業地帯で筏に組まれ、亀岡盆地の世木・殿田・保津・山本などの筏輸送問屋に中継ぎされて、嵯峨・梅津・桂（川）の筏浜（三か所材木屋）に集荷されて、京都市中などに売りさばかれたという。

丹波材は、このように大堰川の筏流しによって嵐山・嵯峨へ到達したが、もともと保津川の峡谷である保津峡をはじめ、途中には通行を妨げる難所が多かった。江戸時代初期前後の豪商であった角倉了以《すみのくらりょうい》（次代は素庵《そあん》）は、慶長一一（一六〇六）年河川改修工事と通行料徴収の許可を得て工事を開始した。巨岩を砕き、浅瀬を深く掘り、瀑布の上流を穿《うが》って均《なら》すことによって、平底の高瀬舟の通行が可能な流れとした。これによって、保津川‐桂川の水運はいっそう盛んとなった。筏流しに対してもこの改修は寄与して市場は拡大し、一八世紀初め頃に六〇〇～八〇〇乗、中頃には一五〇〇～二五〇〇乗の筏数であったと推定されている。

しかし一方で、輸送賃は大きく上昇し、慶安二（一六四九）年における筏一乗の輸送賃は、保津、山本から嵯峨、梅津、桂まで一〇匁七歩であったものが、享保一一（一七二六）年には一八匁（うち四匁水上ヶ〔陸揚げ〕費用）であった。

一方、高瀬舟の下り運賃は、保津から嵯峨まで「運賃壱石目ニ付、米三升五合」（元禄〔一六八八～一七〇三〕頃、仮に材木一石を米と同量として概算すれば、運賃は、三・五パーセント程度か）であったから、比較は難しいが筏よりは高かったことは確かであろう。

このころ高瀬舟船人中から、筏に積んだ薪の運賃が安く、高瀬舟の荷が減ったとの訴えがあり、論争が大きくなった。筏の場合、世木、殿田から嵯峨まで、薪一〇〇束「五文」であったが、京都町奉行は「軽キ筏五拾把、重キ筏に者見合（軽い筏に薪五〇把で重い筏一乗分）」として裁定したことが知られる。さらに、筏に積んでくる薪については筏一乗について二〇分の一（現物、五パーセント）を薪運上としたことが知られている。

量や運賃の比較は非常に難しいが、大井川－保津川－桂川の舟運がきわめて盛んであったことは確認しておいてよいであろう。

なお現在、渡月橋のすぐ上流側の一の井関から左右岸へと取水されているが、この内左岸の取り入れ口は西高瀬川に結びついている。西高瀬川は幕末の文久三（一八六三）年頃から工事が始まり、中断を経て明治三（一八七〇）年に完成した運河である。桂川左岸沿いに東へ向かい、下嵯峨を経て御室川を越え、ほぼ三条通沿いに千本通りへと至った。現在は天神川で途切れているが、かつて木材・薪などをはじめ、荷船が上下した。鴨川西岸沿いの高瀬川程であったとは言えないが、一時期、桂川水運の一端を担った。

参考文献

◎京都市編　一九七二『京都の歴史5　近世の展開』学芸書林
◎京都市編　一九七六『京都の歴史10　年表・事典』学芸書林
◎京都市編　一九九四『甦る平安京』京都市
◎京都府山林会・京都府材木業組合編　一九〇九『京都府山林誌』
◎金田章裕　一九九三『微地形と中世村落』吉川弘文館
◎金田章裕　二〇〇二『古代景観史の探究』吉川弘文館
◎角田文衛編　一九九四『平安京提要』角川書店
◎村井康彦編　一九九五『よみがえる平安京』淡交社

コラム1

物集女車塚古墳

諫早　直人

京都盆地の北西部、古代に乙訓《おとくに》郡が置かれた一帯（現在の京都市の一部から向日市、長岡京市、大山崎町にかけての範囲）には、古墳時代全期間を通じて連綿と造営された首長墓群が存在する。主要な古墳については二〇一六年、「乙訓古墳群」として国史跡の指定を受けたので、ご存じの方も多いのではないかと思う。長年にわたる発掘調査や、古墳・副葬品などに対する地道な研究を通じて、この地域は奈良盆地や大阪平野に巨大な前方後円墳を築いた時の王権と、常に密接な関係を持っていたことが明らかとなっている。ここでは、物《も》集《ず》女《め》車《くるま》塚《づか》古墳に副葬された馬具から、その一端をうかがってみたい。

物集女車塚古墳は向日市に所在する墳長四六メートルの前方後円墳である（図1）。物集女街道沿いに位置し、淳和天皇（八四〇年没）の棺を運んだ車

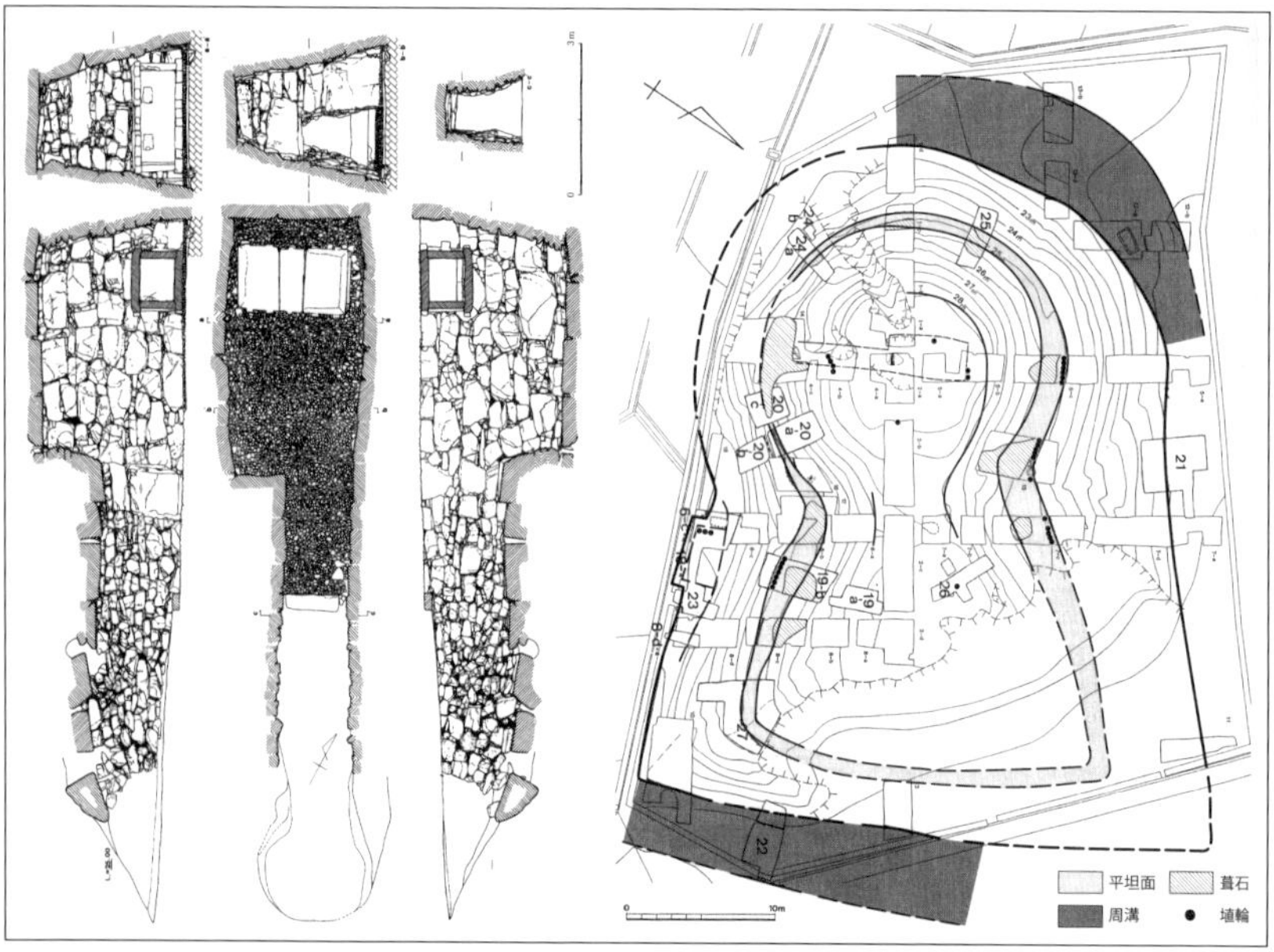

（図1）物集女車塚古墳の墳丘と石室（各種報告書をもとに作成）

column 1

を納めた地という伝承が「車塚」の由来として伝わる、古くから知られた古墳である。一九八〇年代に発掘調査が行われ、後円部にある全長一一メートルの横穴式石室から馬具をはじめとする大量の副葬品が出土した。馬具は三セットが出土しており、盗掘を受けていたもののいずれも金銅装の装飾馬具を含むことがわかっている。須恵器《すえき》などの検討から六世紀中頃に最初の埋葬がなされ、七世紀初までの間に三度の追葬が行われたことが明らかとなっており、玄室奥に置かれた凝灰岩製組合式家形石棺の前方から出土した剣菱形杏葉《ぎょうよう》をはじめとするA群馬具と、後方から出土した三葉文楕円《だえん》形杏葉をはじめとするB群馬具は、いずれも石棺被葬者、すなわち初葬に伴う副葬品とみられる。

二種類の杏葉（馬の胸や尻に懸垂する金属製のペンダントのこと）は、前者よりも後者の出現時期が新しく、また前者は大和盆地、後者は淀川流域や琵琶湖沿岸など、分布地域に偏りがみられることが指摘されている（図２）。このような両者の排他的な分布を踏まえると、物集女車塚古墳から新旧二型式の装飾馬具が出土していることの持つ意味は大きい。乙訓一帯には、継体大王が奈良盆地に入る前に一時期宮とした「弟国宮《おとくにのみや》」があったとされ、物集女車塚古墳の被葬者については、継体大王を支えた有力者が想定されている。後者の分布域は継体大王の支持基盤とも重なる。新旧二型式の装飾馬具がどのような勢力によって生産され流通したのかなど解決すべき問題はあるものの、物集女車塚古墳とそこから出土した馬具は、謎に包まれた「弟国宮」を考古学から考える上で貴重な手掛かりとなるだろう。

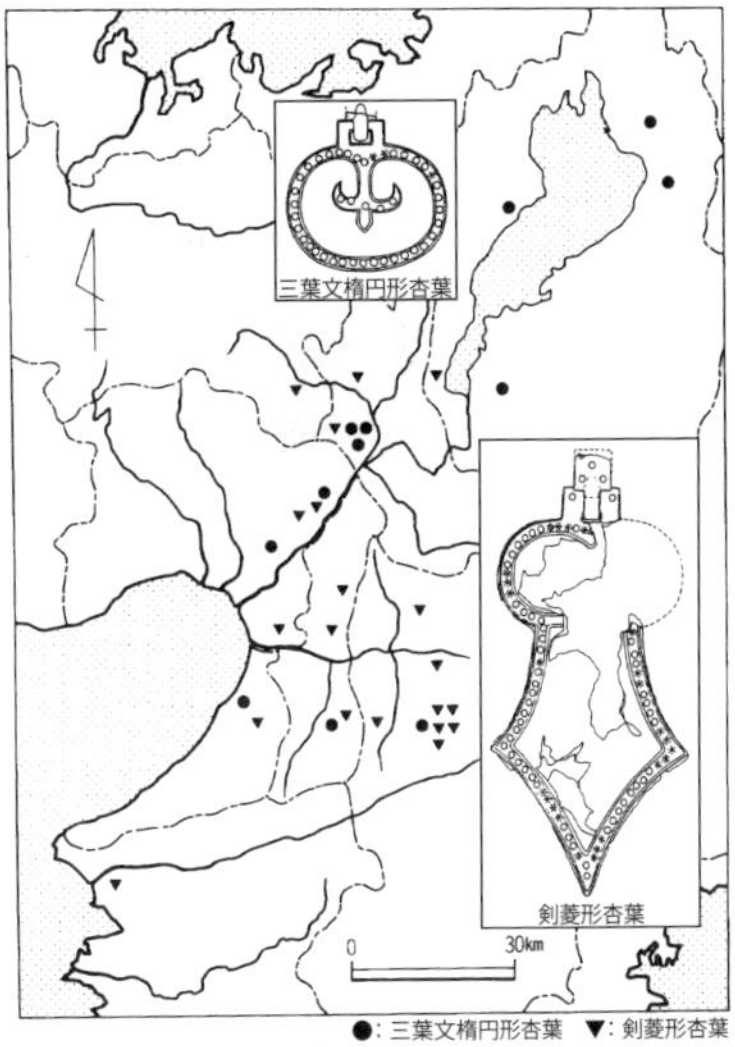

（図２）剣菱形杏葉と三葉文楕円形杏葉の分布（松浦 2005 を改変）

なお物集女車塚古墳は史跡公園として整備されており、普段は入れない横穴式石室も毎年五月に公開されている。春の天気の良い日にでも古墳めぐりをしながら、往時の「弟国宮」に思いを馳せてみてはいかがだろうか。

参考文献

◎松浦宇哲　二〇〇五「三葉文楕円形杏葉の編年と分析」『井ノ内稲荷塚古墳の研究』大阪大学稲荷塚古墳発掘調査団

◎向日市教育委員会　一九八八『物集女車塚』

コラム2

渡月橋

寺嶋　一根

洛西の名所といえば、大井川にかかる渡月橋とその向こうに望む嵐山を思い浮かべる方も多いのではないだろうか（図1）。

この「渡月橋」という風雅な名称の由来については、実は不明な点が多い。江戸時代の地誌『洛西嵯峨名所案内記』（嘉永五〔一八五二〕年刊）は、鎌倉時代後期にこの地に離宮をおいた亀山上皇が命名したとし、昭和七（一九三二）年刊行の『嵯峨誌』もこの説を採用する。一方、『扶桑京華志』（寛文五〔一六六五〕年序）では、夢窓疎石が天龍寺を開く際に「度月橋」と名を改めたとする。また、『都花月名所』（寛政五〔一七九三〕年刊）では「（藤原）惺窩先生」がこの地を遊覧した際に旧名を改めたとするなど諸説ある。

そこで、「渡月橋」の名称を中心に、この橋の移りかわりを紹介することとしたい。

（図1）大正期の渡月橋（黒川翠山撮影写真資料　京都学・歴彩館　京の記憶アーカイブ）

『和名類聚抄』に「葛野郡橋頭郷《はしもと》」との記述があることから、少なくとも九世紀頃からこの辺りに橋が架かっていたと考えられるが（京都府地名大辞典）、平安期にこの橋がどのように呼ばれていたかは定かではない。

鎌倉時代以降の史料や文学作品において、この地に架かる橋は様々な名称で登場する。

例えば、貞応二（一二二三）年一〇月一六日『百練抄』には「法輪寺橋供養なり」とあり、鎌倉時代中期の公家、藤原経光の日記『民経記』嘉禄二（一二二六）年四月三日条には、経光が広隆寺・法輪寺を参詣した際に、「大井川橋」辺りで馬に乗ったことが記されている。

文学作品でも、鎌倉期に成立した『源平盛衰記』巻三九では、滝口入道時頼を慕う横笛（建礼門院の雑仕）が恋に破れ、「桂川ノ水上、大井川ノ早瀬、御幸ノ橋」のたもと、「法輪近キ

column 2

所」で入水したとされる。

また、建武元（一三三四）年と推定される四月二四日付の後醍醐天皇綸旨で、臨川寺住持の夢窓疎石に対して、「法輪橋上下六町内」の大井川殺生禁断のことが命じられている（原田正俊編 二〇一二）。

中世の嵯峨は、鎌倉時代中期の建長七（一二五五）年に後嵯峨上皇が離宮「亀山殿」を造営し、その後、南北朝期から室町期にかけて天龍寺や臨川寺などの禅宗大寺院が建ち並び、「宗教都市」として発展を遂げていた。室町時代中期の嵯峨には、大規模な酒屋・土倉が多数存在しており、その人口は少なくとも八〇〇〇人、場合によっては一万人程度であったとされる（原田正俊 一九九七、山田邦和 二〇一二）。

しかし、応仁・文明の乱の戦火は嵯峨にも及び、応仁元（一四六七）年三月一四日に「嵯峨法輪寺橋」は落とされ（『大乗院寺社雑事記』）、翌年九月七日の合戦では天龍寺・臨川寺一帯も焦土と化し、これ以降、嵯峨は壮大な宗教都市としての景観を取り戻すことはなかったという（山田邦和 二〇一二）。

ここまで見たように、中世において、大井川南岸の智福山法輪寺に渡る橋であることから、「法輪（寺）橋」の名が多く用いられていた。一方、天龍寺開山以降、五山禅僧による漢詩文において、「度月橋」の名で、この地の橋が表現されるようになることが注目される。

夢窓疎石（一二七五〜一三五一）の弟子春屋妙葩《しゅんおくみょうは》らによって編まれた『夢窓国師語録』（貞治四（一三六五）年刊）には、疎石が残した偈頌《げじゅ》（詩句の形式をとり、教理や仏・菩薩をほめたたえた言葉）として「天龍寺十境」の一つ「度月橋」が載せられている。『語録』中の年譜によれば、疎石は貞和二（一三四六）年に「亀山十境」を選んだとされ、これは天龍寺落慶法要の一年後にあたる。

五山文学を代表する僧の一人である、中巌円月《ちゅうがんえんげつ》（一三〇〇〜一三七五）の『東海一漚集《とうかいいちおうしゅう》』には「遊二度月橋一、看二嵐山花一」と題した漢詩があり、他にも、臨済宗夢想派の琴叔景趣《きんしゅくけいしゅ》（〜一五〇七）の漢詩集『松蔭吟藁《しょういんぎんこう》』や如心中恕《にょしんちゅうじょ》（?〜一四一九頃）の詩偈集『碧雲稿《へきうんこう》』、臨済宗一山派の禅僧で後に還俗した万里集九《ばんりしゅうきゅう》（一四二八〜?）の『梅花無尽蔵』などに、「度月橋」の語を含む詩文を見いだすことができる。

つまり、「度月橋」の名称は、夢窓疎石の命名かどうかは確定できないものの、南北朝期以降の五山文学のなかで生み出されたものである可能性が高いといえる。南北朝期以前の史料・文学作品から「度月橋」の名称が見いだせないことも、このことを示唆しているのではないだろうか。

ただし、先にみた『大乗院寺社雑事記』の記事や明応四（一四九五）年の「山城国桂川用水指図」（東寺百合文書、本書一六頁参照）に、桂川上流に架かる「法輪橋」の記述がみえることから、室町期において、この地の橋を「度月橋」と称することが、どの程度広がりをもったものであったかは、慎重に考える必要はあろう。

「度（渡）月橋」の名が広く知られるようになったのは、江戸時代に入ってからであったと考えられる。

一七世紀半ば以降、洛中洛外の名所、神社仏閣を紹介した「名所記」が出版されると、京の名所に関する知識は実際に旅で訪れた人だけでなく、書物を通じてより多くの人々に共有されるようになる。

名所記の先駆けとされる『京童』（明暦四（一六五八）年刊）や『京雀』（寛文四（一六六四）年成立、翌五年刊）では、嵐山・天龍寺の項などに「橋」に関する記述は見られない。

それが前述した『扶桑京華志』巻一「関梁」の項では「御幸橋」として、夢窓疎石によって「号ヲ度月ト革ム」と説明され、続く貞享二（一六八五）年刊の『京羽二重』巻一にも、「名橋」として「渡月橋」が挙げられている。山城国の地誌『雍州府志』の著者としても知られる黒川道祐は、延宝八（一六八〇）年九月に嵯峨周辺を訪れ、その紀行文「西遊左券」において、

「古へ渡月橋ハ今ノ三軒茶屋ト法輪寺トノ間竹林ノ有所ナリ」

と述べている。

黒川道祐が指摘するように、南北朝～室町期の絵図では、現在より一〇〇メートルほど上流、天龍寺の南側に橋が架かっている様子が描かれている（山田邦和 二〇一二）。いつ頃、現在の位置に橋が架けられたのかについては確たる史料では明らかではないが、少なくとも一七世紀後半には前代より下流に橋が架かっており、それが「渡月橋」として知られるようになっていたことが分かる。

そして、安永九（一七八〇）年刊の『都名所図会』巻四では、「渡月橋ハ〈中略〉一名は御幸橋《みゆきはし》・法輪寺橋ともいふ」との説明の後、「嵐山／法輪寺／渡月橋」として、画面中央に大井川に架かる橋を配し、嵐山・法輪寺を北東から南西に俯瞰するよう

（図2）『都林泉名勝図会』法輪寺（京都学・歴彩館 京の記憶アーカイブ）

column 2

描かれた挿絵とともに紹介されている。同様の構図は、『都林泉名勝図会』（寛政一一（一七九九）年刊）にも見られ、一八世紀後半以降、嵐山の景観を描く際に渡月橋が中心となっていることをうかがわせる（図2）。

この『都林泉名勝図会』では、『都名所図会』で描かれていた嵐山のその他の名所「小督塚」や「千鳥ヶ渕」、「戸無瀬の瀧」などが全く見られない。むしろ、作者は春の嵐山に花見のために訪れた「群集」と、人々で埋め尽くされた橋を中心に描くことに熱心である。それはこの挿絵の主眼が、詞書に「近年下嵯峨法輪寺に三月十三日十三歳なる男女都鄙より来て群集大方ならず、（中略）これを十三参といふ」とあるように、花見に訪れた人々と法輪寺の十三参りの様子を描くことにあったためであろう。

法輪寺の十三参りは、十三歳になった男女が、本尊の虚空蔵菩薩に福と知恵を授かるために詣でるもので、現代でも新暦四月一三日前後に、多くの親子連れで賑わう京都の年中行事である（京都暮らしの大百科）。

十三参りは、一八世紀後期に嵐山の花見が名所化するなかで広まったとされ、これは渡月橋が「所之名物」と認識されるようになった時期と一致する（谷山勇太　二〇一七a、二〇一七b）。渡月橋が一八世紀半ば以降架け続けられた背景には、こうした状況をうけた法輪寺及び門前の人々の経済的理由があったとされる（谷山勇太　二〇一七b）。谷山氏が明らかにしたこれら近世期の架橋に関する史料中で、この橋は一貫して「度（渡）月橋」の名で記載されており、領主である天龍寺や架橋・維持を担っていた法輪寺また近隣住民にとっても、この名称が定着していることが読み取れよう。

近代に入り、嵐山は上知令によって天龍寺領から国有となり、渡月橋の架橋も、行政の手によることとなった。明治二八（一八九五）年、昭和七（一九三二）年と渡月橋は架けかえられ、現在は鉄筋コンクリート製に姿を変えたが、今なおその風雅な名前とともに、嵐山を彩る借景として多くの人を魅了している。

参考文献

◎『日本歴史地名大系 京都市の地名』一九七九　平凡社
◎『京都府地名大辞典（上）』一九八二　角川書店
◎梅原猛・森谷尅久・市田ひろみ監修　二〇〇二『京都暮らしの大百科』淡交社
◎谷山勇太　二〇〇七a「近世の嵐山と日切茶店—天龍寺の寺務日誌を素材として—」（『社会科学』七八号　二〇〇七）。同　二〇〇七b「近世の嵐山と橋—天龍寺の寺務日誌を素材として—」（『社会科学』七九号）
◎原田正俊　一九九七「中世の嵯峨と天龍寺」（浄土真宗教学研究所・本願寺史料研究所編『講座蓮如 第四巻』平凡社）
◎原田正俊編　二〇一一『天龍寺文書の研究』思文閣出版
◎山田邦和　二〇一二「中世都市嵯峨の変遷」（同『日本中世の首都と王権都市—京都・嵯峨・福原—』文理閣。第四章）

I　桂川流域の洛西

京都洛西地域の庭園文化

町田　香

はじめに

京都における庭園文化の地域性について、洛東は平安時代後期からの六勝寺に代表される浄土庭園や南禅寺界隈を中心とした近代庭園、洛北は修学院離宮を中心とした近世初期の宮廷庭園など、ある程度イメージされるものがある。その中で、現在の洛西地域には寺院庭園を中心に数多くの日本庭園が存在し、天龍寺庭園など世界遺産「古都京都の文化財」に含まれる庭園が多いという印象がある。本章では、洛西地域の日本庭園を改めて見直し、先行研究や発掘調査の成果、絵画資料を参考に、洛西地域の庭園文化の地域的な特徴を考えてみたい。

また、本章における「洛西地域」とは、天明六（一七八六）年に刊行された『都名所図会』の地域区分を参考にし、『都名所図会』における「右白虎」の範囲を「洛西地域」とする。

洛西地域の現存庭園の概要と分布

以下、『平成三〇年度京都府域の文化資源に関する共同研究会報告書（洛西編）』を参考に、洛西地域の現存する庭園を確認したい。管見の範囲で確認できた現存する洛西地域の庭園は六七件であり、その所在地のほとんどが現在の右京区である。右京区の中でも妙心寺の庭園が一九件と大きな割合を占めている。

次に文化財の指定状況をみると、国指定の特別名勝が五件ある。全国における国指定の特別名勝のうち庭園は二四件で、その中で京都府に所在する庭園は一三件である。このうち五件が洛西に所在しており、その他は洛東に二件、洛南に二件、洛中に四件であり、洛西は京都府の中でも特別名勝が多い地域という特徴が見出せる。国指定の名勝は八件で、その半数近くが妙心寺の庭園である。また、市指定の名勝は七件を数える。

庭園の作庭年代は、経年により修理や改修の手が加えられることから確定することは難しいが、おおよそ年代をみると古代が二件、中世七件、近世二八件、近現代が二四件を数える。江戸時代が多いことがわかる。また、様式をみると枯山水が三六件、池庭が一七件、露地が六件と枯山水が半数を占めるが、これは妙心寺塔頭庭園の多くが枯山水であることによる。

次に現存庭園の分布をみると、妙心寺の庭園が一九件数えられていることから、この妙心寺を中心とした庭園のまとまりがみられる。また大堰《おおい》川右岸の嵯峨野地域に天龍寺をはじめとした庭園のまとまりがみられ、それ以外は洛西地域南部に庭園がばらついているほか、北部に高山寺と神護寺に関わる庭園が位置している。

洛西地域は北西に山を背負うとともに、桂川を中心としたいくつかの水系からなる。庭園の多くは北西に連なる山麓に位置し、また桂川畔にもいくつかの庭園が所在している。嵯峨野を中心としたまとまりと妙心寺周辺のまとまりとの間に位置する太秦《うずまさ》地域にはほとんど現存庭園が確認できない。

洛西の庭園の眺望

日本庭園は、庭園そのものだけではなく、歴史的に庭園からの眺望のあり方が重要な評価とされてきた。それは、『今鏡』にある白河院と橘俊綱とのやりとりからうかがえる。白河院が橘俊綱に名園を尋ねたところ、俊綱は、第一が石田殿、第二が高陽院と答えた。白河院は第三は私の鳥羽殿であろうと言うと、俊綱は鳥羽殿は地形や眺望がよろしくない。第三は自身（俊綱）の伏見亭と答えた。

このことから庭園の評価において地形や眺望の善し悪しが重要であったことがわかる。京都御所や仙洞御所をはじめ、京都の庭園は東向きのいわゆる東庭を主庭とするものが多い。これは、比叡山や大文字山など東山連峰を眺望するためであり、月を見るためでもあるとされる。それでは、洛西地域の庭園は何を眺望対象としているのだろうか。ここでは、主に龍安寺方丈庭園と天龍寺庭園、桂離宮の眺望対象を取り上げる。

まずは、枯山水で有名な龍安寺方丈庭園の眺望対象をみてみよう。『都林泉名勝図会』（一七九九年）には、龍安寺に八景があり、それらはすべて方丈庭園からの遠景であるとし、東山の仏閣、八幡の石清水八幡宮、伏見城跡、淀川、花園地域などが選ばれている。よって、龍安寺方丈庭園からは主に東南への眺望が開かれていたことがわかる。一方、同書では、龍安寺庭園つまり方丈下方の池庭からは衣笠《きぬがさ》山、北への眺望があることも記されている。

このように山や川、寺社などが眺望対象となっているが、山に限定した眺望対象について、神山藍は、本章で洛西地域の庭園として取り上げている寺院からの「山の眺め」を明らかにしている（神山藍 二〇一一）。これによると、鹿苑寺《ろくおんじ》からは大文字山、衣笠山、龍安寺からは衣笠山と朱山、等持院からも衣笠山、仁和寺からは朱山、大内山などが眺望対象の山として挙げられている。次に、同じく『都林泉名勝図会』では天龍寺庭園について、亀山と嵐山、大堰川と音無瀬滝への眺望があることが記されており、主に西南への眺望が開けていることがわかる。

桂離宮庭園については、寛永元（一六二四）年に桂離宮を訪れた昕叔顕啅《きんしゅくけんたく》が『鹿苑日録』において、庭園の亭からは四方が見渡せ天下の絶景であると記しており、庭園そのものというより、庭園からの眺望の素晴らしさを特記している。金地院崇伝《こんちいんすうでん》が桂離宮の賛辞を記した『桂亭記』（一六二五年）にも、東は比叡山、華頂山、如意ヶ岳、清水山といった東山連峰、西は松尾神社、嵐山、亀山、大井川、北は愛宕山までが眺望でき、南には桂川あるいは淀川であろうか大河と、東西南北四方に何が眺望されているかが具体的に明記されている。

比叡山をはじめとする東山への眺望もあるが、洛西地域における庭園では山では衣笠山、大文字山、朱山、大内山、嵐山への眺望がみられる。また大井川や淀川などの河川、寺社では東山の仏閣、石清水八幡宮などが眺望対象となっている。桂離宮庭園に至っては東西南北への眺望が開けていた。

華やかな宮廷の庭の地とその歴史

●平安前期に始まる天皇・貴族の離宮・別業

平安京が開かれて間もなく、桓武天皇の別業《べつごう》の地として選ばれたのが現在の嵯峨野地域である。この嵯峨野が天皇の行幸先、別業の地となったということは、平安京周辺にあって最も風光明媚な土地であったことを物語っている。

桓武天皇は頻繁に大堰《おおい》に行幸したが、その桓武天皇の別業と考えられているのが「大堰離宮」である。昭和六三（一九八八）年に行われた発掘調査において、大堰川の北河畔で園池跡が検出されるとともに、平安時代前期の遺物が出土したことが報告されており、これが桓武天皇の大堰離宮の可能性があると報告されている（京都市埋蔵文化財研究所 一九九七）。園池跡が検出されたということは、庭園を有する離宮であったことになる。

これに続き現在の大覚寺である嵯峨天皇の嵯峨院が平安初期に造営され、嵯峨院の庭園として現在の大沢池がその名残をとどめている。現存する庭園に引き継がれている可能性がある貴族の山荘としては、清原夏野の双丘山荘があり、これは現在の法金剛院の一部とされる。

この他にも様々な貴族の山荘が洛西地域にあり、特に平安時代前期の別業が他の地域に比して洛西地域に多かったことがわかる。嵯峨院と双丘山荘の他に、賀陽離宮が大山崎町付近に、源常の山荘が現在の双ヶ丘付近、嵯峨天皇の皇女有智子《うちこ》内親王の別業・嵯峨西庄が二尊院東南付近に、嵯峨天皇の皇子・源融《みなもとのとおる》の棲霞観が嵯峨釈迦堂藤ノ木町付近に、嵯峨天龍寺付近にあったとされる。前中書王兼明親王の山荘雄蔵殿などが平安時代前期に造営された平安京外の別業として取り上げられている（古代学協会・古代学研究所 一九九四）。この他葛原親王の高田別業や仲野親王の別業なども存在したとされる。

続く平安時代中期から鎌倉時代では、藤原実能《さねよし》の山荘が現在の龍安寺御陵下町付近、仲資王《なかすけおう》の別業が金閣寺町付近、藤原頼綱の嵯峨野山荘が嵯峨二尊院門前善光寺山町付近に、藤原定家の小倉山荘、藤原忠通《ただみち》の山荘が梅津付近に、藤原道長の桂山荘が西京区桂にあった別業として取り上げられている。

もちろんこれらの別業に庭園があったかどうかは明らかにならないが、桓武天皇の大堰離宮、嵯峨天皇の嵯峨院、清原夏野の双丘山荘をはじめ庭園を有する事例からも、洛西地域の離宮・別業に庭園があった可能性は高いと考える。このように嵯峨野を中心とした地域は、平安時代に始まる宮廷の庭の地であり、これは洛西地域の庭園文化の重要な特徴の一つと考える。

●近世における八条宮家の山荘文化

近世初期になると桂離宮や修学院離宮などの宮廷の庭が興隆した。その宮廷の庭の興隆を牽引したのが八条宮智仁《としひと》親王と後水尾院であり、庭園は文化サロンの舞台として華やかに機能していた（町田香 二〇〇五）。桂離宮や修学院離宮など郊外に営まれた庭園では、山上の御茶屋から眺望し、池周辺に点在する複数の御茶屋をめぐりながら様々な景色や船遊びを楽しんでいた。これらは曼殊院庭園や妙法院庭園などの宮門跡寺院の庭園も含め、当時の多くの宮廷庭園に共通した空間構成と楽しみ方であった（町田香 二〇一八）。

これら宮廷庭園の多くは京都御所を中心とした公家町を中心に現在の洛北地域に所在していた。よって古代・中世と比較して近世において、洛西地域は宮廷の庭の地という特色が強いとはいえないが、やはり桂離宮庭園の存在は洛西地域の庭園文化を特徴付ける大きな存在である。そして桂離宮だけではなく、この地域を知行地としていた八条宮家は桂離宮である下桂御茶屋の他に、御陵村の御陵御茶屋、開田村の開田御茶屋を有していた。

これらの山荘については西和夫に詳しい（西和夫　一九八八）。御陵御茶屋（図1）は、広野山荘、広野御別業とも呼ばれ、現在の西京区御陵池ノ谷、染殿地蔵堂の地に位置していたとされる。すぐ西には御茶屋山があり、地蔵堂、書院などが建てられていた。山上にも建物があり、ここからの眺望を楽しんだことが記録に残っている。この御陵御茶屋は初代智仁親王のときにすでに計画され、地蔵堂は寛永八（一六三一）年に完成し、山上の御茶屋はすでに智忠親王の時代には完成していたという。この山上の御茶屋はその後朽ち果ててしまい、再建されたのは七代家仁親王のときであった。今出川屋敷から「雲台」という御茶屋を移し、軒を少し広くし、家仁親王はここからの眺望を楽しんだという。

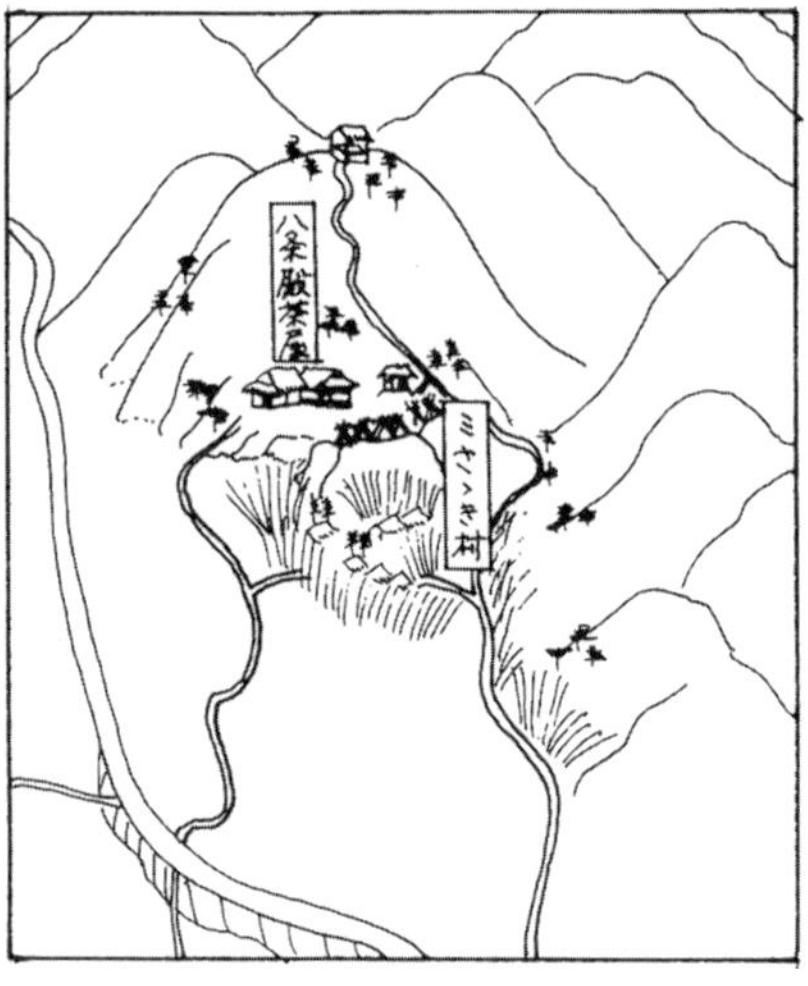

（図1）中井家本『洛外図』の八条殿茶屋（西和夫「桂宮家御陵御茶屋と地蔵堂」より転載）

例えば、享保五（一七二〇）年九月二七日、家仁親王は午前四時に今出川屋敷を出発し、御陵御茶屋へ向かった。途中朱雀村で休憩し、七時に御陵村地蔵堂に到着した。朝食をとった後、八時に山上へ向かい、「御茶屋山」で眺望を楽しみ、松茸を取った（小沢朝江　一九九四）。そして一〇時に桂離宮へ向かった。このように、御陵御茶屋から桂離宮へ向かう行程について、尼崎博正は「広野山荘こそ修学院離宮の隣雲亭に優るとも劣らない眺望施設つきの山荘であり、七代家仁親王と八代公仁親王の時代には、松茸狩を楽しむなど桂別業とセットで頻繁に利用されていることがわかっている。それはまさに「桂離宮の上御茶屋」とよぶにふさわしい眺望施設であった」（尼﨑博正・中村一 二〇〇二）と指摘している。

開田村は現・長岡京市のほぼ中央部にあり、明治四（一八七一）年頃まで、長岡天満宮の一角に桂宮家の別業、開田御茶屋（図2）があったという。開田御茶屋は現在熊本県水前寺成趣園にある「古今伝授の間」がその一部にあたる。「古今伝授の間」とは、八条宮初代智仁親王が、細川幽斎から古今伝授を伝えられた建物といわれ、もともとは八条宮本邸今出川屋敷にあった。そこから火災対策として、細川幽斎ゆかりの地である長岡天満宮に移され、明治四年に領地の収公に伴い細川熊本藩に下賜されたとされる。

（図2）長岡天満宮と開田御茶屋イメージ図（西和夫『近世の数寄空間―洛中の屋敷、洛外の茶屋―』より転載）

洛西における禅宗寺院の庭園の特徴

鎌倉時代に禅宗が日本に導入されることによって、禅宗寺院が数多くつくられるようになった。そして、特に臨済宗の寺院では庭園がつくられることが多く、京都も禅宗寺院の創建とともに庭園が生み出されていった。

●宮廷の庭を前身とする禅宗寺院の庭

先に述べたように、洛西地域は平安京が開かれてまもなく宮廷の庭が多く存在した地であった。しかし、現在それらの痕跡を残す庭園は、大覚寺大沢池のみであり、洛西地域の庭園といえば禅宗寺院の庭園がほとんどである。数多く存在した宮廷の庭は消滅してしまったのだろうか。そして、現在の禅宗寺院の庭は、かつての宮廷の庭の地にどのように生まれて現在に至っているのだろうか。

天龍寺の創建は康永四（一三四五）年である。それ以前は後嵯峨上皇、亀山上皇の離宮・亀山殿があり、臨川寺あたりまでもその離宮の範囲とされる。

天龍寺以前の亀山殿の推定復元（図３）を行った本中真によると、亀山殿は現在の天龍寺の山門と法堂を結ぶ東西軸線よりも南にあったとされる（本中真　一九八四）。これをみると大堰川沿いに園池を擁した寝殿があり、園池の水は大堰川の水を導水していたという。現在の天龍寺庭園の園池は山門と法堂を結ぶ東西軸線よりも北にあることから、図に描かれた亀山殿の園池と天龍寺庭園の園池は別のものといえる。

一方、鹿苑寺庭園も宮廷の庭を前身としている。鹿苑寺庭園は、鎌倉時代の貴族・西園寺家の山荘である北山第を、室町時代に三代将軍・足利義満が入手し、北山殿として金閣などを整備した。そして、義満没後

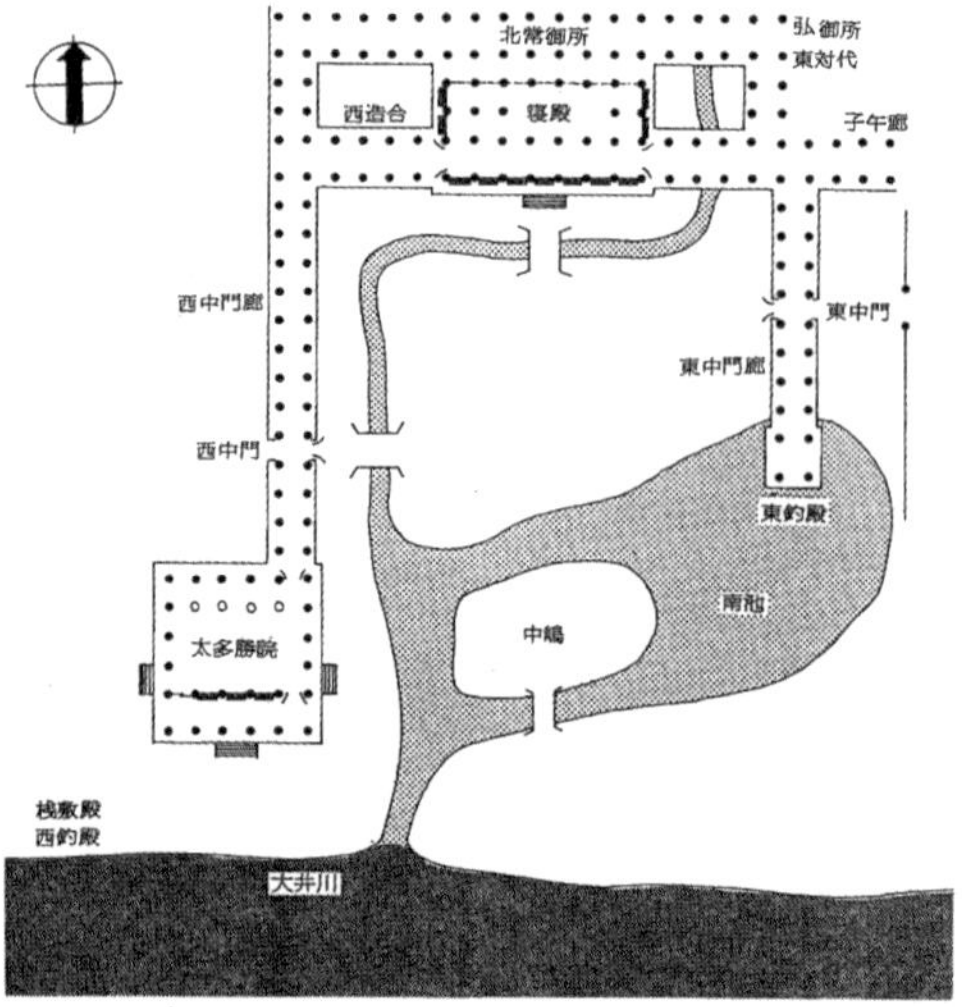

（図３）亀山殿復元図（本中真「亀山殿庭園における眺望行為」より転載）

に禅宗寺院である鹿苑寺となり、江戸時代に入り新たな改修の手が加わり現在に至っている。

鹿苑寺庭園は発掘調査が進められ、その調査の成果が提出されている。発掘調査を踏まえて、鈴木久男は西園寺家時代の庭園、足利義満時代の庭園の推定復元を行っており(鈴木久男 二〇一六)、西園寺家の北山第では鏡湖池の東側に南屋寝殿、北側に北屋寝殿が配されていたことを明らかにしている。この西園寺家の北山第を受け継ぎ、足利義満は大々的な改修を行って北山殿を造営する。この義満時の北山殿について、寝殿の位置は西園寺時代と変わらず、その寝殿の西側は西園寺の鏡湖池を受け継ぐが、南端部は拡張・新造しており、寝殿の西側の池岸に舎利殿《しゃりでん》金閣を建立し、舎利殿の北側には二階建ての天鏡閣が、その北と東に泉殿を構成とする建物と庭園が造られた、などの指摘がされており西園寺家の宮廷の庭の時代、足利義満期の往時の庭園の様子がしのばれるようになった。

●描かれた夢窓疎石の庭

臨川寺庭園

夢窓疎石《むそうそせき》は作庭家として名高く、京都以外では鎌倉の瑞泉寺庭園、山梨の恵林寺庭園、岐阜の永保寺庭園などがある。京都において夢窓疎石が住持したのは建仁寺、南禅寺、臨川寺、西芳寺、天龍寺であるが、作庭に関する痕跡が認められるのは、天龍寺、西芳寺、臨川寺であり、これらすべてが洛西地域に存在することから、中世の洛西地域の庭園は夢窓疎石に特徴付けられる。ここでは絵画に描かれた臨川寺と西芳寺を取り上げてその様子を見ていきたい。

まずは、臨川寺庭園であるが、現在の臨川寺三会院の南庭は日本画家・伊藤紫虹《しこう》女史のデザインスケッチをもとに昭和九（一九三四）年に作庭されたものである。『拾遺都名所図会』（一七八七年）には現在では失われている方丈、開山堂前庭の方形の池そして開山堂東側の園池が描かれており（図4）、園池には夢窓疎石の作であること、「夢窓座禅石」の存在が記されている。江戸中期の絵図のため、この描かれた庭園が夢窓疎石の作庭を引き継いだものかどうかは不明だが、この臨川寺庭園は、確かに夢窓疎石が作庭したという記録が残る重要な庭園である。三会院の東に仮山水を構えたと夢窓疎石自身が書き記しているとされ、夢窓の高弟の一人である義堂周信の「空華日用工夫略集」にも、臨川寺方丈の東軒の庭に、夢窓が自ら竹を植えて、篩月軒《しげつけん》を建てたことが記されているという。

昭和四四年（一九六九）に、この絵図に描かれた庭園跡と思われる場所の調査が始まった。その場は凹陥地があるのみで地表には庭石の一つもなかったとされるが、発掘調査により、池底の構造、若干の庭石、護岸の一部、江戸時代の遺物などが断片的に発見され、特に当初の遺構の上部に近世の改修が認められたとされる。その残存状態から庭園の復元は不可能とし、地下の遺構を極力保存することとなった。この地は現在の臨川寺東の高架道路の下にあたる。

（図4）『拾遺都名所図会』に描かれた臨川寺庭園
（京都学・歴彩館 京の記憶アーカイブ）

西芳寺庭園

夢窓疎石が暦応二（一三三九）年に中興開山となり、庭園の改修を行った西芳寺をみていきたい。苔寺で有名な西芳寺庭園であるが、夢窓疎石が入寺する以前に園池を持つ浄土庭園が存在し、夢窓がその前身となる庭園を改修したとされる。夢窓による改修の様子は『夢窓疎石年譜』に記されており、瑠璃殿や黄金池、縮遠亭、湘南亭、潭北亭などの存在が確認できる。

飛田範夫はこの頃の西芳寺の復元推定を行っている。これによると中島を有する黄金池を中心に、池の周囲に建物が建てられ、現在と同じように、向上関を抜けて山頂部には指東庵があることがわかる。さらに、夢窓時代には西芳寺の北東の山の上に縮遠亭が設けられており、鎌倉瑞泉寺の偏界一覧亭と同様に山上の亭は、夢窓の作庭において重要な存在であったことを忘れてはならないだろう。

一方、中世の西芳寺庭園の様子が太田記念美術館所蔵の『洛外名所図屏風』（図5）と『洛中洛外図屏風』（米沢市上杉博物館所蔵）に描かれている。洛中洛外図屏風の類いには建物は描かれていても庭園まで描かれることは数少なく、洛西地域では鹿苑寺の園池がたびたび確認できる。二つの名所図屏風に描かれた西芳寺庭園の描写は貴重であり、名所として西芳寺庭園が認識されていたこと、中世において西芳寺や鹿苑寺が名園として認識されていたことから、この点も洛西の庭園文化の一つの特徴であろう。

夢窓疎石が庭園の改修を行った後、たびたび火災等に遭ったが、天文三（一五三四）年七月二〇日に西芳寺は兵火によって焼亡したとされる。『洛外名所図屏風』の西芳寺庭園は、焼亡から再建までの間の様子、『洛中洛外図屏風』は再建後の様子を描いたものと推測する。

『洛外名所図屏風』に描かれた庭園は、黄金池と中島が描

（図5）室町時代後期頃の西芳寺庭園の様子
（『洛外名所図屏風』太田記念美術館所蔵）

かれており、その中島が扇面型である。これは実際の庭園とは異なる大きな点であるが、このような描き方は、当時の流行であったという（宮島新一 二〇〇六）。この屏風には四枚の付箋が左側から「やうかう石」「さいはうじの庭」「さいはう寺うへの庭」「七ほん竹」と貼られていおり、「七ほん竹」と「やうかう石」が西芳寺庭園の見所として認識されていたといえる。「七ほん竹」は「七本竹」であり、江戸時代の地誌にはたびたび西芳寺の「七本竹」の記述があり、西芳寺の見所となっていたことがわかる。また、「やうかう石」は「影向石」で、現在の下段庭園、少庵堂と湘南亭の間の園池の護岸付近にある松尾明神の影向石である（図6）。

『洛中洛外図屏風』では建物とその縁側でくつろぐ人物、また池の中島は扇形ではなく曲線護岸の中島であり、そこにも人物が描かれている。これらの屏風で注目すべきは人々が庭園を楽しんでいる様子が描かれていることである。夢窓疎石の作庭は、教化の場である一方、皇族や貴族、上級武士が愛しその美しさを楽しんだ名園であり、これらの屏風からはその様子がうかがい知れ、『夢窓疎石年譜』に記された「禅観と行楽の趣を備えたり」という点が西芳寺庭園の性格といえよう。

（図6）現在の西芳寺庭園の影向石

名所に選ばれた洛西の庭

江戸時代に入って徐々に復興を遂げた洛西地域であるが、当時の地誌にはどのような庭園が描かれているのだろうか。白木朝乃は『京都叢書』に収められた地誌の中から庭園に関する記述を抽出し、京都の地誌における庭園描写の特徴を明らかにしている（白木朝乃 二〇一六）。

これによると、京都の地誌に出現する庭園で、洛西地域の所在するものは、鹿苑寺、西芳寺、天龍寺、桂離宮、龍安寺、妙心寺、神護寺、であり、現在もこれらの庭園が洛西地域の代表的な庭園であることから、近世の名所観が現在も引き継がれている。特に頻出する洛西地域の庭園は、龍安寺、鹿苑寺である。龍安寺に関しては方丈前の枯山水と、境内入口の池庭の両者について記されており、枯山水だけではなく池庭も同様に名所として認識されていた。

鹿苑寺庭園は、やはり金閣と鏡湖池、そして池に浮かぶ九山八海石についての記述が多い。夕佳亭については、寛永年間の創建とされるが、明治七（一八七四）年の再建である。よって、近代以降の地誌には取り上げられているが、近世の地誌には取り上げられていない。西芳寺の庭園は、夢窓疎石の作であること、現存しない瑠璃殿や縮遠亭などの庭園建築の存在について、奇石や先に取り上げた七本竹、影向石についての記述がある。天龍寺に関しては夢窓疎石の作であること、天龍寺十境の記述が多い。桂離宮庭園に関する記述は少なく、近世では桂川との関係性が取り上げられている。神護寺に関して記述は少なく、地蔵院の庭について『都林泉名勝図会』では清滝の渓流と紅葉が評価され、約百年後に刊行された『旧都巡遊記稿』（一九一八年）では五葉松と槇の古木が残るのみと記されており、その荒廃のほどがうかがえる。

一方、『都林泉名勝図会』には妙心寺の庭園群がまとまって収められており、江戸期には大徳寺や南禅寺、建仁寺と同様に妙心寺の塔頭《たっちゅう》庭園が名勝とされていた。妙心寺も前時代の花園天皇の離宮・萩原殿が禅寺に改められたことにより始まり、創建年代は諸説あるが、およそ南北朝時代の康永元（一三四二）年頃とみられている。妙心寺の広大な境内には、現在四六の塔頭があり、庭園を持つ塔頭は多く、これらの庭園群も洛西の地域的特色を示すものであろう。

妙心寺の庭園群の中で国指定名勝は妙心寺庭園、玉鳳院庭園、桂春院庭園、退蔵院庭園、東海庵庭園、雲霊院庭園の六庭園で、市指定名勝が雑華院庭園である。『都林泉名勝図会』に絵図が収められている妙心寺の庭園は、現存するものが「玉鳳院」「大通院」「霊雲院」「海福院」「雑華院」「蟠桃院」「退蔵院」「春浦院」の庭園で、「大嶺院」の庭園は現存しない。よって、現在名勝に指定されている庭園で『都林泉名勝図会』に描かれているのは玉鳳院庭園と退蔵院庭園（図7）、雑華院庭園となる。

玉鳳院庭園や退蔵院庭園は現況もこの『都林泉名勝図会』の描写とほとんど変わらないが、雑華院庭園は現在では植栽が繁茂しており、絵図のようなさっぱりした印象とは異なる。大通院の庭園は「塔中第一の名庭」と記されており、当時の妙心寺ではこの大通院庭園が最も評価されていたことがうかがえるが、庭園は現存しない。

妙心寺の塔頭庭園に関して、『都林泉名勝図会』以外の江戸時代の地誌では、『菟藝泥赴《つぎねふ》』、『京羽二重《きょうはぶたえ》』、『山州名跡志』、『花洛羽津根《からくはつね》』には妙心寺十境のみで庭園については触れられていない。近代になると『都林泉名勝図会』に取り上げられた多くの庭園についての記述はなく、『京華要覧』では春光院の庭園が、『旧都巡遊記稿』では、春光院と雑華院が取り上げられている。春光院の庭園は慶応三（一八六七）年の築造とされ、庭園内に伊勢神宮外宮を奉祀している。以上からも『都林泉名勝図会』に取り上げられた妙心寺の庭園群は京都の地誌上では貴重な記録といえる。

（図7）『都林泉名勝図会』に描かれた退蔵院と雑華院の庭園（京都学・歴彩館 京の記憶アーカイブ）

洛西地域の近現代庭園

●洛西地域における近現代庭園の概要

洛西地域における近現代の有名な庭園といえば、昭和初期に作庭された大河内山荘庭園であろう。その他は非公開の庭園が多い。その代表が竹内栖鳳《たけうちせいほう》の霞中庵庭園であろう。霞中庵は竹内栖鳳が嵯峨野に営んだ同名の画室を持つ別荘で、現在竹内栖鳳記念美術館となっている。

小野健吉によると、霞中庵の庭園は竹内栖鳳自らの構想とされ、小野は霞中庵庭園のデザインの特色を「画室・霞中庵および書院の前面に芝生広場を配してそれらの建物の外観をクリアーに見せ、芝生広場、流れ、カエデの樹林を並列的に配置する構成に霞中庵庭園独自の特色を見出せるが、カエデの樹林の導入や部分的ではあるが保津川の景観を写実的に取り入れた細部デザイン、園外景観を有機的で効果的な庭園の構成要素とするための工夫などに、近代の自然主義風景式点と共通する特色を見いだすことができる」と指摘している（小野健吉 二〇〇〇）。近代庭園が南禅寺界隈に集中している中、洛西地域の貴重な近代庭園の一つといえよう。

仁和寺の池庭は昭和六（一九三一）年に七代目小川治兵衛が改修したものであり、その近くの旧御室邸庭園は、建築が昭和初期に建てられたとされ、大広間の広縁の先に庭園が広がる。双ヶ岡《ならびがおか》の斜面を利用して築造され、多くの石燈籠が配されており高台に茶室双庵が建つ。

●小川治兵衛と重森三玲の庭

小川治兵衛の庭園

日本庭園研究において近現代の作庭家としては、七代目小川治兵衛と重森三玲《しげもりみれい》の存在が重要である。七代目小川治兵衛（以下、植治）の京都における作庭のほとんどは、南禅寺界隈を中心とした洛東地域に所在し、洛西地域においては現存する庭園では仁和寺庭園と高山寺遺香庵露地のみである。仁和寺庭園は明治二〇（一八八七）年に宸殿などを焼失し、大正三（一九一四）年に宸殿が新たに建てられた際に植治が庭園の改修を行っており、大正一〇（一九二一）年には嵯峨の橋本儀兵衛邸の庭園を築造しているとされるが確認ができない。よって遺香庵露地は洛西地域における貴重な植治作の庭園といえる。

遺香庵は明恵上人の七〇〇年遠忌を迎えるにあたって、その記念に昭和六（一九三一）年に建造された茶室で、露地の作庭が植治に任されたのは近代数寄者・高橋箒庵《そうあん》の肝煎ということである。

植治の作庭は南禅寺界隈の政治家・実業家の別荘庭園が代表作であり、尼崎博正は植治の目指した空間性とデザインの本質を、「東山を望む雄大な空間構成、琵琶湖疏水の水を引き入れた軽快な流れの意匠、明るく開放的な芝生広場、林間に見え隠れする瀟洒な茶室の佇まい」と四点に集約して指摘している。しかし、遺香庵露地は、臼石の使用などに植治の作風がみられながらも、「遺香庵の露地は、栂尾の山中という立地もさることながら、それまで植治が作庭してきた露地とは一味違う、いかにも露地らしい雰囲気の露地である」と尼崎は評している（尼崎博正 二〇〇二）。植治が作庭に携わった庭園の多くの茶室周辺の露地は、開放的で眺望が開け、茶室のかたわらに流れがあるというように、これらは大らかな煎茶の空間性であり、近代数寄者は煎茶と抹茶の両方を嗜んでいたことから、植治の作庭には抹茶と煎茶の融合を念頭においた作為が読み取れると指摘している。遺香庵の茶室そのものは建築的には煎茶の影響が見られるが、遺香庵の露地は茶室遺香庵の周辺に設えられた飛石と蹲踞《つくばい》を配したいわゆる抹茶を嗜む草庵の露地に近い。これが尼崎のいう「それまで植治が作庭してきた露地とは一味違う、いかにも露地らしい雰囲気の露地」ということであろう。また、植治の作庭する露地は庭園の一部に造られることがほとんどで、遺香庵のように、露地のみの作庭は多くはない。よって、遺香庵露地は、他の植治の庭とは性格がやや異なり、中でも茶室の露地の作庭という点も含め、洛西地域の庭園文化の一つとして取り上げるべき庭園と考える。

重森三玲の庭園

さて、植治に続き、近現代の作庭家として見逃せないのは重森三玲である。重森の京都における作庭を概観しても、植治と同様に、洛西地域における作庭は数少ない。しかしながら、重森三玲の生涯最後の作庭となったのが松尾大社の松風苑（上古の庭・曲水の庭）であり、洛西地域の近代庭園としては重要な庭園である。

「永遠のモダン」が重森三玲の作風を表現する言葉として定着している。重森は「特に庭園は、他のすべての芸術品よりも、保存上永久性を持っていると考えて差し支えはありません。何百年何千年でも地割と石組は保存されるはずです。したがって、庭園の鑑賞者は、決して今日のみではありません。永遠の人々が鑑賞してくれるのですから、そこに永遠の今日が生きていなければならぬはずです」（重森三玲一九六四）と、語っており「永遠のモダン」とは永久保存されるはずの地割と石組みからなる庭園であることが前提となっている。そのような考え方で創作にあたっていた重森三玲最後の庭園が松尾大社の松風苑である。

上古の庭の石組みについて、重森は、「磐座や磐境はもとより庭園ではないから、この石組は全く庭園的な石組ではない。殊に磐座は石そのものが神格化されたものであって、それだけに、この石を組むことは容易ではない」と記している。神格化された石を組むのかという問題と向き合い、そして、神にはなれないが、少しでも神に近づく以外にない、少しでも神に近づくためには、「すこしでも自らが純粋になり切ることより他はない」と述べている。この仕事を終え「従来多くの作庭に経験がある筆者（重森三玲）も、今度の磐座や磐境を作った時ほど疲れを覚えたことはなかった」（重森三玲・重森完途）と記している。

このように、数は少ないが日本庭園史上、近現代の作庭家として著名な小川治兵衛と重森三玲の庭園は、両人の他の地域とは異なる作庭意図や作風を有した庭園であることが、洛西地域の近現代庭園の特徴の一つとして見逃すことはできない。

（図８）松尾大社の「上古の庭」

おわりに

これまで京都洛西地域における庭園文化の特徴を明らかにしてきた。その中でも京都の他の地域にはない洛西地域特有の庭園文化の特徴としては、西芳寺や天龍寺といった夢窓疎石に関わる庭園が存在することである。夢窓疎石は禅僧として作庭に携わり、その後の枯山水の発展に寄与するなど、日本庭園史上において最重要人物の一人である。全国に複数存在する夢窓疎石に関わる庭園をも鑑みれば、洛西地域における夢窓疎石の作庭は、京都だけではなく日本における庭園文化の特徴の一つといっても過言ではないであろう。

参考文献

◎秋里籬島　一七九九　『都林泉名勝図会』（『新修京都叢書』九　臨川書店　一九六八年）
◎尼﨑博正　二〇一二　『七代目小川治兵衛―山紫水明の都にかへさねば―』　ミネルヴァ書房
◎尼﨑博正・麓和善・矢ヶ崎善太郎編著　二〇一九　『庭と建築の煎茶文化』　思文閣出版
◎小野健吉　二〇〇〇　『京都を中心にした近代日本庭園の研究』　奈良国立文化財研究所
◎京都市埋蔵文化財研究所　一九九七　『京都嵯峨野の遺跡―広域立会調査による遺跡調査報告書―』
◎古代学協会・古代学研究所編集　一九九四　『平安京提要』　角川書店
◎重森三玲　一九六四　『庭』　平凡社
◎白木朝乃　二〇一六　「京都の地誌における庭園描写―『都林泉名勝図会』を中心として―」　二〇一六年度京都造形芸術大学修士論文
◎鈴木久男　二〇一六　「北山殿の変遷にみる中世的展開」　『中世庭園の研究―鎌倉・室町時代―』　奈良文化財研究所
◎西和夫　一九八八　『近世の数寄空間―洛中の屋敷、洛外の茶屋―』　中央公論美術出版
◎飛田範夫　二〇〇六　『庭園の中世史』　吉川弘文館
◎町田香　二〇〇五　「近世初期宮廷庭園の文化史論的研究―八条宮智仁親王と後水尾院を中心に―」（学位論文）　京都造形芸術大学
◎町田香　二〇一八　「宮廷文化サロンの活動と舞台」『回遊式庭園と庭園文化』　奈良文化財研究所
◎吉川需　一九七〇　「高架道路の建設と臨川寺庭園遺跡の保存」　『月刊文化財』八二号　第一法規

I　桂川流域の洛西

コラム3

大山崎町の歴史と建造物

平井　俊行

●はじめに

京都府内で山崎という地名を聞くと、いったい何を思い浮かべるのだろうか。ある人は天正一〇（一五八二）年に明智光秀と羽柴秀吉が戦った山崎の合戦を、またある方はウイスキーの醸造所を思い浮かべるかもしれない。いずれにしても現在の山崎周辺はのどかで、高台からは木津川、淀川、桂川の三川合流や川の対岸の石清水八幡宮が鎮座する男山を見渡す風光明媚な土地を想像されるのではないだろうか。

しかし、この土地を歴史的に紐解くと古代から歴史の中に登場する重要な場所であったことがわかる。山崎に残る建造物の話に入る前に、この地の歴史をたどってみることにしたい。

早くも奈良時代の神亀元（七二四）年聖武天皇の勅願により行基が宝積寺を建立したという寺伝が伝わっている。さらに『行基年譜』には翌年の神亀二年に行基が山崎と対岸の橋本との間に山崎橋を架け、天平三（七三一）年には山崎院を建立し、布教活動の拠点としたことが記されている。このように水運に恵まれたここ山崎は、すでに奈良時代から多くの人々が行き交う交通の要所として栄えていたことが知られているのである。

弘仁二（八一一）年には、嵯峨天皇が山崎河陽離宮に行幸したことが知られている。交通の要所であり、しかも風光明媚な山崎の地は、平安時代になるとますます都への玄関口の一つとして重要な場所になったと考えられる。その後貞観元（八五九）年には、宇佐神宮から八幡神を勧請して、男山に石清水八幡宮が建立された際にも、一時山崎の嵯峨天皇の離宮に遷座したといわれている。

平安時代末に成立した『信貴山縁起絵巻』の「飛倉巻」には山崎の長者の話が出てくる。富を蓄えた人物として描かれる山崎長者の家には、母屋や校倉造《あぜくらづくり》の米倉のほかに荏胡麻《えごま》を絞る油絞木や煎るための竈《かまど》や釜が一緒に描かれている。ここ山崎の商人たちは、中世を通して石清水八幡宮の神人として独占的に油の販売を行い、ますます大きな地位を築いて行くことになる。

この山崎の商人たちも一六世紀に入ると他の産地からの油の流入によりその勢いが衰えてくる。それを決定付けたのは織田信長の楽市楽座の政策である。やがて天正一〇（一五八二）年六月二日、本能寺の変が起こると、謀反《むほん》を起こした明智光秀と、主君の仇討ちとばかりにいち早くこの地まで駆け戻ってきた羽柴秀吉との、天王山を背にした山崎での合戦が行われることになる。戦は秀吉が勝者となることは皆さんすでにご承知のとおりである。

　近世に入ってもここ山崎は離宮八幡宮領として自治が認められ、近代を迎える。交通手段の発達とともに、山崎の地の重要性は薄れ、現代のわれわれが知るのどかな土地へとなっていった。このような歴史を踏まえ、この地に残る建造物を見ていくこととする。

●宝積寺《ほうしゃくじ》

　山崎の歴史の中でも登場した奈良時代に創建された古刹である。しかし貞永元（一二三二）年に火災に遭い、現存する重要文化財の木造十一面観音立像等の寺宝はそれ以後に造立されたものである。建造物に関しては重要文化財の三重塔が瓦銘の写しにより慶長九（一六〇四）年に建設されたことがわかり、かつ一層目には豊臣氏によって築かれた大坂城と同笵《はん》の瓦も確認されていることから明らかに桃山時代の建造物である。構造は亀腹上に立ち、四周に切目縁を回す。各側面の中央間は板戸を吊り、両脇間は腰長押《こしなげし》と内法《うちのり》長押《なげし》間に盲連子窓《めくられんじまど》を嵌《は》める。柱上部には台輪を回し和風の軒天井と支輪を持つ尾垂木付きの三手先《みてさき》斗栱《ときょう》とするなど、正統派の和風建造物である（図1）。

　府登録文化財の本堂と仁王門も三重塔とほぼ同時代の桃山時代の建造物である。本堂は桁行五間、梁間五間で正面一間通りを外陣《げじん》とし、その後ろ中央間三間、奥行三間半を内陣と仏壇を取り、周囲を入側とする近世密教系寺院の平面を有している。一重、入母屋造、本瓦葺で正面に向拝が付く。仁王門は

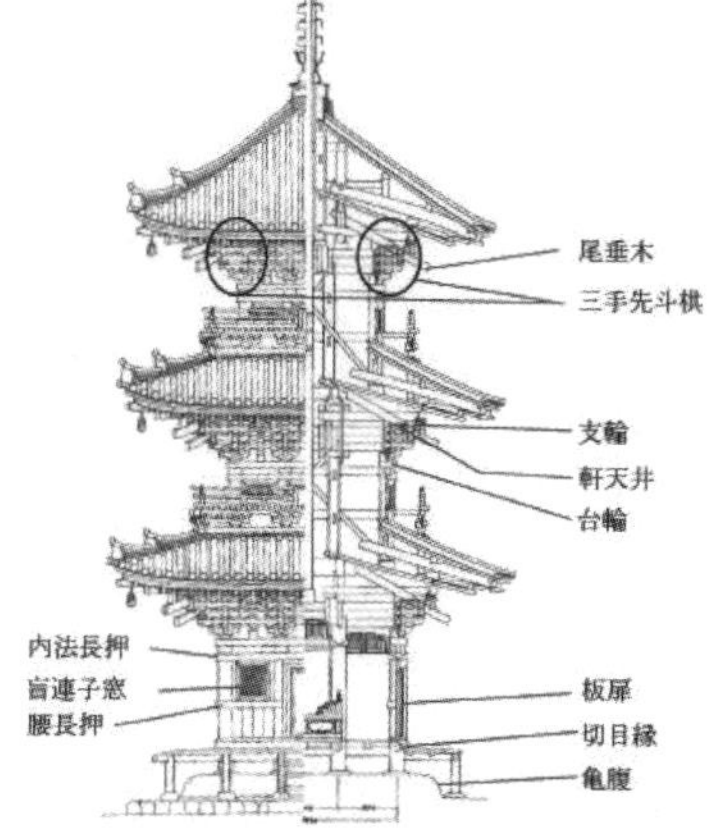

（図1）宝積寺三重塔図面（京都府文化財保護課所蔵 図面を加工）

宝積寺本堂（大山崎重要文化財ネットワーク提供）

三間一戸の八脚門で切妻造、本瓦葺である。これら現存する建造物は関ヶ原の合戦以降豊臣家との関係の中で建設されたものと考えられる。

●妙喜庵待庵《たいあん》

羽柴秀吉は、天正一〇年の山崎の合戦後、大坂城が完成する天正一二年までの間ここ山崎に城を構え、居住している。そのため茶匠として仕えていた千利休も山崎に屋敷を構えており、その利休屋敷に造られていたと伝えられる茶室が、妙喜庵に現存する国宝の待庵である可能性がある。利休が建てた唯一の茶室であると江戸時代から伝えられており、慶長六（一六〇一）年に描かれた『宝積寺絵図』の妙喜庵の中に「かこひ」との記述がすでに確認できる。

待庵は二畳隅炉を持つ茶室と一畳と畳の長手方向に幅八寸の板床が取り付く次の間、その北の一畳の勝手とで構成されている。茶室の北面東よりには幅四尺ほどの室床《むろどこ》があり、南面と東面には大きめの躙《にじ》り口と大小の竹連子窓や下地窓に明かり障子を嵌めている（図2）。二畳という究極の広さの茶席であるが、必要のないものはすべて省き、空間を広く見せるため天井は立体的に変化に富んだ構成を取り、場所により柱を見せない手法を用いるなどいたる所に利休の工夫の跡が感じられる大変緊張感のある茶室となっている。

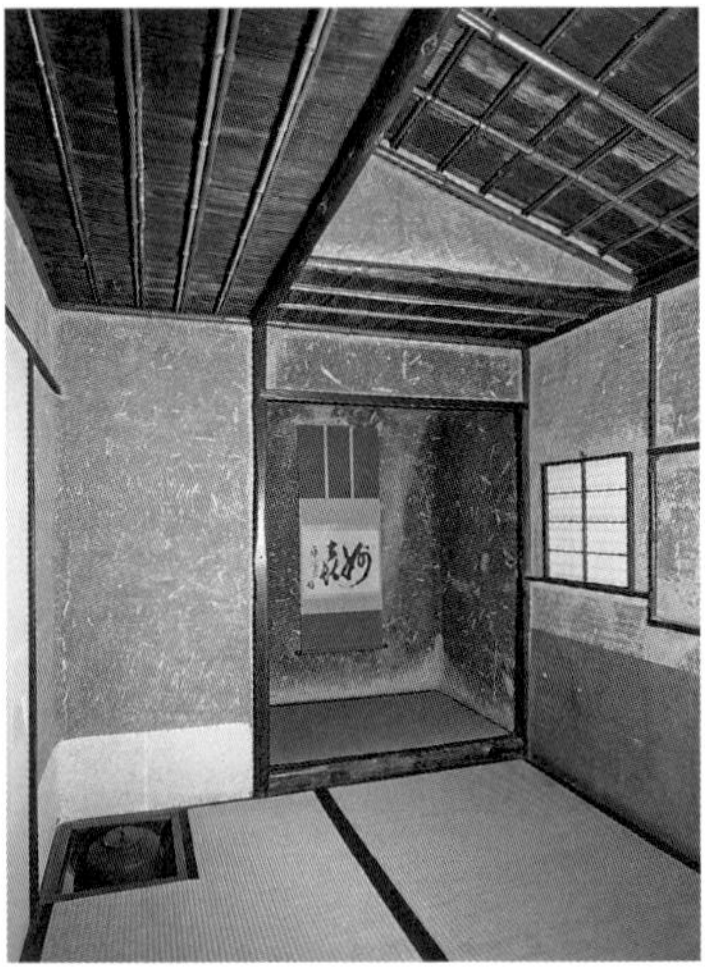

妙喜庵待庵茶室（京都　妙喜庵、提供　便利堂）

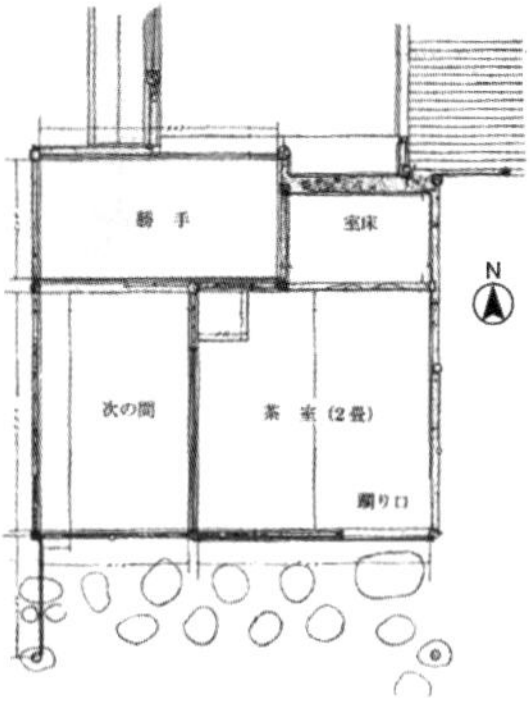

（図2）妙喜庵待庵図面（京都府文化財保護課所蔵 図面を加工）

●大山崎山荘

天王山の南麓には、大阪の実業家加賀正太郎が大正から昭和初期にかけて建設した別荘建築の大山崎山荘がある。本館ほか附属の五棟が国の登録有形文化財となっている。本館はイギリスのチューダー・ゴシック様式に木骨のハーフティンバーを見せる外観を持っている。構造的には、鉄筋コンクリート造で屋根部分を鉄骨造とする地上三階地下一階建ての建造物である。加賀が若いときイギリスのウィンザー城を訪れた際、眼下に流れるテムズ川の景色から着想を得てこの地を購入したと伝えられている。現在は日本を代表す

大山崎山荘本館外観（アサヒビール大山崎山荘美術館提供）

る建築家の一人である安藤忠雄の建造物も加わり、アサヒビール大山崎山荘美術館として活用されている。

●聴竹居《ちょうちっきょ》

京都帝国大学工学部建築学教授であった藤井厚二が、昭和三（一九二八）年実験住宅として建設した建造物が聴竹居である。五回目となる住宅の設計で、椅子座と床座との建築計画上の融合や導気口・排気口、ベランダともサンルームともなる縁側の設置などの環境工学的手法、さらには欧米のモダニズム建築と日本の数寄屋建築との意匠の融合などが実に見事な調和を見せている。藤井の目指すわが国固有の環境に調和し、その生活に適応すべき真の日本文化住宅を創生するとの強い意志が感じられる住宅になっている。本屋、閑室、茶室の三棟が平成二九（二〇一七）年七月に重要文化財となった。現在一般社団法人聴竹居倶楽部が管理を行い、一般公開等にも対応している。

聴竹居本屋外観（竹中工務店提供、古川泰造撮影）

参考文献

◎京都府歴史遺産研究会　二〇一四『京都府の歴史散歩　下』山川出版社
◎中村昌生編　一九七四『日本建築史基礎資料集成　二〇　茶室』中央公論美術出版

I 桂川流域の洛西

竹の歴史・伝統工芸から竹を科学する

古田 裕三

はじめに

東アジアや東南アジアには、古くから竹が数多く生育しており、それらを原材料とした道具類や住居が作られ、さらには冠婚葬祭に至るまで何らかの形で竹が人々の生活に密着して存在してきた。現在においても、これらの国々では、竹を多く利活用している。例えば、中国では、竹は、中華料理にはなくてはならない志那竹（メンマ）や筍《たけのこ》に必要なほか、ビルなどの工事現場の足組や、紙用材などにも利用されている。かつて、アメリカやヨーロッパの人々が、日本を竹の文化国、アジアを竹の文化圏と呼んだ時代があった（内村 二〇〇四）。日本では、古来、竹と笹に強い生命力を見出し、それに神霊を宿す信仰を持っている。そして、竹と日本人との繊細かつ深い関わりは、古く「神代」にまでさかのぼり、早くから日本人の心性と溶け合って伝統芸能や民俗行事など、幅広く根を下ろしていった。例えば「竹取物語」の中では、竹は、「野山にまじりて竹を取りつつ、よろづの事に使いけり」とあるように、当時から竹が人間生活と密着し、日常的に使われていたことを示している。

ここで文化の基礎ともなる漢字のうち、竹冠の付く漢字の例を**図1**に、**表1**に伝統的な竹の利用例を示す。これらのことからもわかるとおり、日本においては古来、竹を文化の基礎として捉えつつ、生活の道具や一部として利活用し接する機会が多いことがわかる。そうした生活文化の歴史の中に、竹の活用のソフト的な部分も培われたといってよかろう。

これらの文化は、古都京都を中心に発展・進化していった。寺社によくみられる竹垣は、平安時代に京都を発祥の地として広がったものと考えられているほか、茶道に用いる茶器などはもちろんのこと、エジソンが京都の八幡の竹から電球のフィラメントを作って初めて電気を灯したことは皆さんご存知であろう。

このように、日本人の生活や日常に深く関わってきた竹であるが、高度成長期以降、竹を材料として利用しなくなり、筍を食べない食生活になった（食べたとしても輸入筍である）など、生活様式が大きく変化してしまった。それに伴って、近年、竹林経営

（表 1）伝統的な竹製品の例

台所用品	火吹竹, 杓子差し, 箸, 箸立, 竹柄杓, 飯杓子, スプーン, フォーク バターナイフ, 串, 簀(す), 簓(ささら), 籠, 笊
住用具	物干竿, 旗竿, 簾(すだれ), 衣紋掛, 竹椅子, 団扇立, 自在鉤, 筧(かけひ), 竹箒, 熊手, 籠
小物	伸子針, 網針, 物差, 洗濯鋏, 竹篦(たけべら), 孫の手, 耳掻き
農業用	添木, 稲架き(はさき), 唐竿, 籠, 笊
漁業用	ひび, 筏, 簗(やな), 魞(えり), 水棹(さお), 釣竿, 網針, 魚篭
楽器	尺八, 竹笛, 口琴, 笙(しょう), 竽(う), 簓(ささら), 四つ竹,
玩具	竹とんぼ, 竹馬, 水鉄砲, 竹独楽, 竹スキー, ストック
茶道具	茶筅, 茶杓, 花籠, 花器
武具	弓, 矢, 竹刀, 竹槍
建物	竹垣, 化粧戸, 駒除け, 芽受け, 小舞(こまい), 竹床, 竹樋
その他	罠, 遮断機, 竹梯子, 杖, 竹下駄, 竹紙, 竹炭
他の素材と併用	傘, 団扇, 扇子, 提灯, 凧, 筆, 箒の骨や柄, きせるの羅宇(らお)

（図 1）竹冠の付く漢字の例

が行き詰まり、経営を放棄した竹林が放置され、近隣の農園や森林等に竹が侵食する、後述する放置竹林問題が西日本を中心として大きな社会問題となっている。京都府においても、舞鶴市や宮津市などの北部地域や、井手町や和束町などの南部地域においてきわめて深刻な問題となっている。放置竹林問題は、京都ひいては日本の中でも竹の利活用や文化に関して中心的存在にある洛西、嵐山、乙訓《おとくに》などにおいても例外なく存在する。これら放置竹林問題を解決するためには、科学技術の進んだ現代社会においても、以前のように竹を利活用するシステムと技術を構築する必要がある。

そこで、本稿では、放置竹林問題の解決の一助として、種類・生態や構造、強度的性質など、幅広い様々な観点から概説し竹の科学的な理解につなげたのち、その科学的な理解を背景に失われつつある竹の職人技術を科学の言葉で伝承しようとする試みについての例も紹介する。このことが、高度成長期以前のように文化や歴史を守りつつ現在の社会の形の中で竹を利用するような、健全な循環型社会の構築を目指すため、ひいては放置竹林問題の解決の一助になると考えるからである。

竹の種類

わが国のタケ亜科植物は、日本列島に自然に分布する種に加え、古い時代に外国から導入された種で帰化もしくは長期にわたり一定の地域で栽培利用の歴史のあるものを含むと一三一分類群に分類される。わが国でよく利用されている有用三種を以下に示しておく。

①マダケ（真竹、苦竹、学名：*Phyllostachys bambusoides*）

幹（稈《かん》）は高さ二〇メートル、直径一五センチメートルに達し、節は二重の膨らみとなる。基部から先端まで通直で円錐形の樹形となり、モウソウチクやハチクと比べ、葉のサイズが大きい。稈は曲げ、張力、弾力、割裂性などに優れているが、材質そのものは硬くて割りやすいため、竹細工や伝統工芸品の素材として使われる。皮（稈鞘《かんしょう》）は薄くて柔らかいので包装用、馬連《ばれん》、履物などに利用される。筍は、モウソウチクよりも一月ほど遅く発生するが、筍の先端部は苦みも少なく食べることもできるものの、通常はえぐ味があるので筍採取林としては栽培されておらず、竹材林として栽培されている。主な産地は、大分県、山口県などである。なお、モウソウチクが侵入してきて混交すると、モウソウチクに被圧《ひあつ》され、数年後には枯死する。

②モウソウチク（孟宗竹、学名：*Phyllostachys pubescens*）

稈は高さ二〇メートル、直径二〇センチメートル に達し、節は一重となる。湿潤な環境を好み、山間部の斜面では沢筋に沿って生育し、稈は先端部がうな垂れ、ゆるく湾曲する樹形となり遠方からも識別可能である。材質部は厚いものの、節間長が短いこと、稈の基部から先端部に行くにつれ細くなるがその細くなる割合が大きいこと、弾力性が劣ることなどから、現在ではもっぱら構造材や集成加工した内装材として利用されている。笊や籠などの大雑把な加工品の場合や、丸材のままで花器などにも利用されるが、繊細な細工物の原材料には適さない。筍は周知のとおり生鮮食品として重宝されている。主な産地は鹿児島県、熊本県などである。

③ハチク（淡竹、甘竹、学名：*Phyllostachys nigra var. henonis*）

稈は高さ二〇メートル、直径一五センチメートルに達し、成熟すると灰緑色となる。また、節は二重の膨らみとなる。稈の柔軟性に劣り、強風に遭って弓なりにたわむと元に戻らず湾曲しやすい。材質は緻密であるが縦割りしやすいため、茶せんの材料として、枝は竹ぼうきの材料に利用される。筍は甘味があり、モウソウチク以上に美味とされる。耐寒性があるため多雪地や北海道でも育つが、縦割れしやすいために雪圧で倒れてしまうことが多い。

竹林の現状と放置竹林問題

日本には、平成二四（二〇一二）年に約一六万ヘクタールの竹林が存在し、その割合は日本の森林面積のわずか〇・六パーセントにすぎない。都道府県別の分布をみてみると、一位鹿児島県（一万六〇〇〇ヘクタール）、二位大分県（一万三六〇〇ヘクタール）、三位福岡県（一万二九〇〇ヘクタール）、四位山口県（一万二一〇〇ヘクタール）、五位島根県（一万九〇〇ヘクタール）、六位熊本県（一万四〇〇ヘクタール）であり、九州を中心とする西日本を中心に広く分布している。そして、このような都道府県は、モウソウチク林を中心とする都道府県とマダケ林を中心とする都道府県に大別されることが多く、前者は鹿児島県や熊本県などが、後者は大分県などである。ちなみに京都府は九位（五五〇〇ヘクタール）で、全体としてはモウソウチク林の割合が高い。

竹は、元来繁殖力が異常に強く、竹林の周囲に無秩序に進出する。そして、

（図2）管理された竹林（左）と放置竹林（右）（京都府HPより：https://www.pref.kyoto.jp/yamashiro/no-nourin/bamboo01.html 2020年1月9日確認）

人が管理しない竹林のそばにある森林や里山などは、気づくと竹林になっており、植生や地域環境が大きく変わってしまっている。これがいわゆる放置竹林である。図2は管理された竹林と放置竹林の例、図3は放置竹林が里山を覆う例である。放置竹林が問題視される理由としては、アカマツやクヌギ、コナラなどかつて里山で優勢であった樹種が置換され生態系が単純化し生物多様性が失われること、スギやヒノキなど林業を営む森林や農業用地に侵入し農林作物への被害が生じること、竹の根が浅くかつ同じ深さ付近で根を繁茂していることから土壌保持力が低くなり地崩れや崖崩れが起きやすくなるなどが大きな理由として挙げられる。

（図3）放置竹林（里山）の例
（京都府 HP より：http://www.pref.kyoto.jp/shinrinhozen/chisan/shinrinseibi.html 2020年1月9日確認）

竹の繁殖能力が強いのは、竹が以下のような特徴を持つためである。葉が物理的摩擦に強いため他の樹木や葉を傷つける、地表部への葉の堆積量が多いため他の植物の種が土壌に届かない、葉が多く茂るため群落が暗く他樹種が育ちにくい、根が浅く地表部に水分を蓄えるため水争いに強い、植生域は地下茎で拡大する（年間一～五メートルも広がるとされている）、筍の成長に光は無用で数十日で高さが最高になりその後葉を茂らせて低木の光を遮る、などであり、植物の中での生存競争にきわめて優位な特性を持っている。

放置竹林が特に問題視されているのは京都府、静岡県、山口県、鹿児島県、高知県、愛媛県などの西日本を中心とした地域である。放置竹林の拡大の例としては、一九八九年から二〇〇〇年までの間に静岡県内の竹林は一・三倍に拡大したとされる（静岡県環境森林部 二〇一九）ほか、千葉県では、竹林拡大が問題となっている七地点において、二〇一五年までの三〇年間で平均六・七倍に竹林面積が増大したとの報告がある

（千葉県・千葉県農林水産技術会議　二〇一九）。これらの原因は、竹林およびその周辺を取り巻く森林の管理不足であり、適切な管理を行うためには、筍や竹材の需要を確保すること、竹藪を取り巻く里山などの管理や利活用が必要といえる。

京都における竹林の推移と現状

京都におけるモウソウチク林の中心は、向日市《むこう》、大山崎町、長岡京市、京田辺市、八幡市、井手町といった京都市の西方から南方の地域であり、嵯峨嵐山地域に代表されるような京都市域（右京区や北区）の場合は、マダケ林が多い。これは、前者が筍を中心に、後者が竹材料を中心に産業が成り立っていたことによるものである。ちなみに、戦前期には、京都市およびその近郊には広大な竹林が存在しており、現在の市街地や、洛西ニュータウンも以前は竹林で覆われていたようである。明治四〇（一九〇七）年頃の京都の郡市別の竹材の生産額では、そのほとんどがマダケによるものであり、乙訓郡（現在の向日市・長岡京市・京都市西京区の一部）が約四万一〇〇〇円で最も多く、次いで葛野郡《かどの》（現在の京都市西京区・右京区・北区の一部）が約三万三〇〇〇円であり、京都の洛西地域を中心とした地域の生産量が際立っていた。一方で、筍生産額では、乙訓郡が約一二万円で最も多いが、葛野郡は乙訓郡、紀伊郡、綴喜《つづき》郡に次ぐ四位の一万七〇〇〇円であり、前述のように竹林が分布する理由がうかがえる（岩井　二〇〇八）。

乙訓郡では、農家の副業として、明治維新以降モウソウチクの筍栽培業が増加した。その後、缶詰にする方途が開かれたり、山陰道や東海道の鉄道開通によって神戸・広島・名古屋等に販路が広がったことなどにより、昭和の初め頃までモウソウチクの竹林面積は増加した。その後、昭和五、六（一九三〇、三一）年頃から筍や竹材価格の下落が始まり、竹林は、クリやカキなどの果樹園への転換が行われ、減少した。しかしながらこの地域は現在でも根強く竹に関わる産業が残っており、京都市洛西竹林公園など、その文化や歴史を象徴するようなものもある（村井康彦 一九九二）。一方で、周辺域である西山地域などでは、モウソウチクを中心とした放置竹林問題が深刻化し、行政やボランティアをあげて放置竹林整備が進められている。

葛野郡では、明治中期以降現在に至るまで、特に嵯峨嵐山地区中心域において竹林面積は、竹材の使用量や筍の消費量の減少や都市化に伴って著しく減少した。一方で、周辺域である北嵯峨地域などでは、モウソウチクを中心とした放置竹林問題が深刻化している（木村ほか 二〇〇七）。

このように、竹に関して日本のトップ、京都のトップである京都洛西地域を中心とした地域でさえ、竹に関わる産業は衰退し、地域中心域の竹林は減少する一方で、地域周辺域の放置竹林は増加しているというきわめて深刻な状況に陥っているのが現状である。

竹の概要

日本においては、竹は、極端に寒冷な場所を除いて広い地域に分布しており、木材と並んで身近な植物由来の材料として利用されている。それらのほとんどが中国や東南アジア地域から移入した帰化植物であるといわれている（鈴木貞雄 一九七八）。竹の外観と部位の名称を図４に示す。

組織構成や成分組成は木材とよく似ているが、竹は、イネ科に属する草本類であり、紅葉や落葉が六月前後に起こるなど、木材とは異なった独特の性質を数多く有している。その最たるものが、鮮やかな緑色の中空円筒と所々に節を持つ竹稈《ちっかん》であり、少ない材料で断面係数を稼ぎ、節によって材が座屈するのを防ぐなど、非常に合理的な構造を有している（尾田 一九八〇）。また、その成長速度も著しく、筍の段階から肥大成長を行わない代わりに、時には一日に一メートルも伸びるなど、驚異的な速度で伸長成長を行い（野村 一九八〇）、数か月のうちに成竹と変わらない高さに達する。その後、三～四年が経過した竹稈から得られた竹材が材料としての利用に適しているといわれており、昔から三～四年生の竹が最も多く様々な製品に加工され利用されてきた。

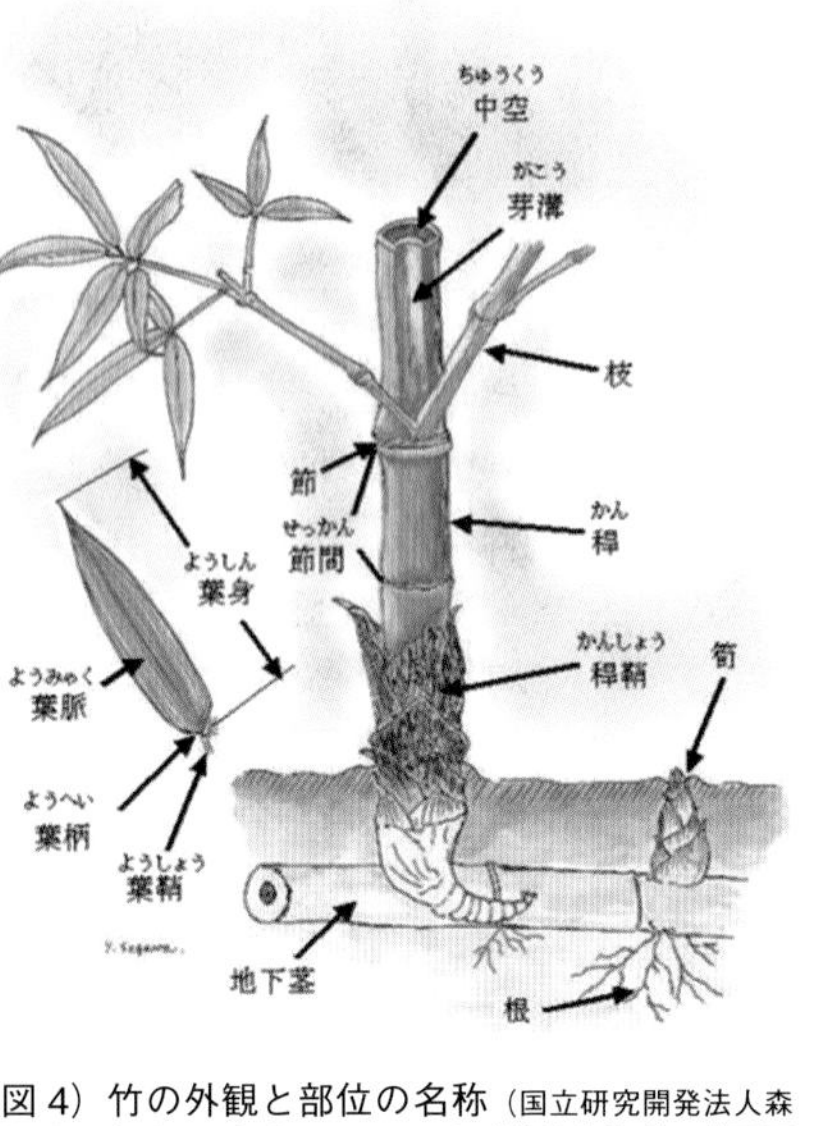

（図４）竹の外観と部位の名称（国立研究開発法人森林総合研究所関西支所ホームページ、「竹見本林 竹、笹配置図」、「竹の部位図」）

竹の組織構造

竹は、木材などと比較して軽くて強い材料である一方で耐久性に乏しいとされているが、その理由について、竹を組織構造の観点から、科学的視点に立ってみてみよう。竹材を構成する主な組織や細胞は、図5のとおりである。維管束鞘は、硬くて強い繊維質であり、水分や養分の通導をつかさどるとともに、竹幹を強度的に支えている。維管束鞘は、表皮側ほど密に多数存在し、その横断面積は小さくなる。これは、材料力学的に考えれば軽くかつ強くするにはきわめて合理的な構造をしている。このような繊維質の組織以外の部分は、基本組織や柔組織と呼ばれ、柔細胞で構成されている。柔細胞は、風などで竹幹がしなる際に、剛直な維管束鞘がしなれるようにクッション的な役割を果たしているとともに、内部にデンプンや糖類などの養分を多く蓄える役割も持つ。このことから、前述の竹の材料としての特性の発現する理由が理解できよう。竹の節間部分が割れやすいのは、これらの維管束や柔細胞といった組織や細胞が、稈の軸方向に対して平行に配列しているためである（図5参照）。なお、竹の密度は、種類や産地等による差異はほとんどなく、おおむね一グラム当たり〇・七〜〇・九立方センチメートル程度であり、床板などに使う広葉樹材と同程度かそれより少し高い程度である。

分子レベルでの成分組成に関しては、木材とほぼ同じであり、主にセルロース、ヘミセルロース、リグニンという物質から構成されており、その含有比はだいたい四：三：二である。これら三種類の構成物質の内部での存在状態は、よく鉄筋コンクリート構造に例えられ、セルロースが鉄筋、リグニンがコンクリート、ヘミセルロースが鉄筋とコンクリートのなじみをよくする針金の役割を果たしているといえる。このことからも、竹が、分子レベルでも鉄筋コンクリートのように強い構造を有していることがわかる。筍の段階では、リグニンはまだ生成されておらず、リグニンの前駆物質であるアミノ酸として存在しているため、人々は食用として用いることができる。

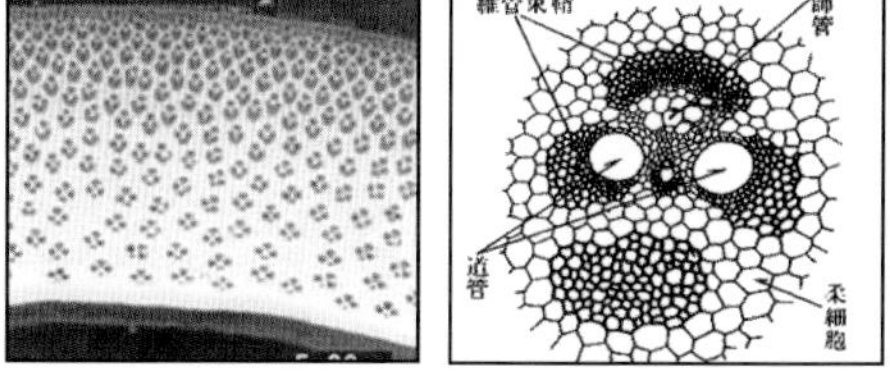

（図5）竹を構成する組織や細胞の写真や模式図とその名称（左：横断面の写真、右：横断面の維管束鞘付近の組織の拡大図）（福島和彦他『木質の形成―バイオマス科学への招待―第2版』海青社、2011年より）

竹の強度的性質

竹の強度的性質を一言で表すのは非常に難しい。これは、竹が円柱構造をとっていることや、前述のとおり、表皮側と髄層側で組織構造が大きく違うことから、竹の強度的性質は、どのような形状の竹をどのような方法で測るかによって大きく異なるからである。そこで、最も基本的な竹の強度的性質、すなわち、表皮側と髄層側の試験体を竹から切り出して引っ張った際の硬さ（引張弾性率）と強度（破壊に至る強さ）についてみてみることとする。日本に生育する主な三種の竹材のその強度的性質を表2に示す。平均的な性質としては、木材に比べて密度が大きく、繊維方向の強度的性質に優れており、表皮側と髄層側の強度的性質を比較すると、組織構造の項で述べたように維管束が多く含まれる表皮側でより高い強度的性能を有しており、基本的に竹材の稈軸方向の強度的性質は、材中に含まれる維管束鞘の割合に依存する。なお節周辺では維管束の走行が乱れていることから、節を含む竹材は、節間部の材に比べて稈軸方向の荷重に対して弱い。

一般に、よく竹材は硬くてよくしなるといわれることが多い。そのため、古来から釣り竿や弓や竹刀などに用いられてきた。これらの使用方法は、一般に曲げたりしならせることが多い。そこで次に、竹材から切り出した

（表2）竹材の強度的性質

竹の種類	部位	引張弾性率 (GPa)	引張強度 (MPa)
モウソウチク	髄層側	8.37	87.53
	表皮側	33.07	292.66
マダケ	髄層側	21.98	146.23
	表皮側	51.34	339.49
ハチク	髄層側	20.39	123.78
	表皮側	53.93	233.53

短冊状の試験体を、外皮側を外にして曲げていく実験を行った際の荷重とたわみの関係を、同じ形状の木材（ヒノキ材）のものとあわせて図６に示す。図中の×印は短冊状の試験体が曲げられて破壊した点である。たわみ量が少ない場合、竹材はヒノキ材に比べて多くの荷重がかかってもたわみ量が少ない。このことは、竹材がヒノキ材に比べて硬いことを示している。また、各々の材が描く曲線の描く面積（たわみを横軸にして積分した面積）は、材料が破壊するまでに吸収するエネルギーを示すが、これは、竹材のほうがヒノキ材よりかなり大きい。これらのことは、竹材は木材（ヒノキ材）と比較してきわめて高強度かつ高靭性な性質を有していることを示している。したがって、竹材が釣り竿や弓や竹刀など、曲げたりしならせたりして使用するものの材料として多く利用されてきたのも合理的であると科学的に納得がいくといえよう。

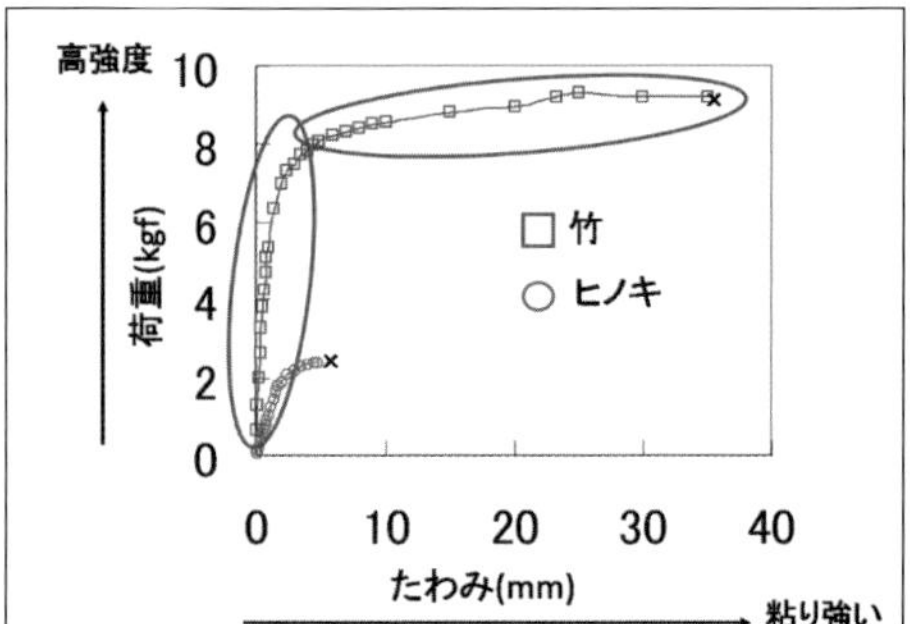

（図６）竹と木材（ヒノキ材）を曲げた際の荷重とたわみの関係

竹の生育中の材質の変化と竹材採取時期の関係

発筍から間もない筍の段階では、竹材を構成する各種細胞の細胞壁は薄く、また、構成成分であるリグニンもまだ生成されていないため、まだ軟らかい状態である。その後、伸長成長を終えた節間から順次、竹の高さ方向では節間の上方から下方に向けて、垂直方向では表皮側から髄層側に向けて、リグ

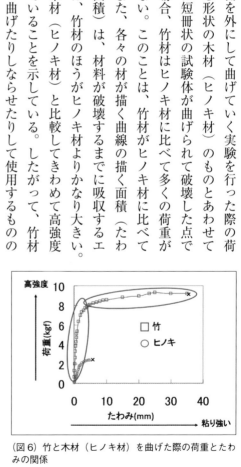

ニンの生成などが生じ、発筍してから二～四年目までの間、細胞壁が肥厚していき、竹として成熟していく（宇野昌一 一九三九）。このような竹材を構成する細胞壁の肥厚に伴って、竹材の強度的性質も上昇する。強度的性質の顕著な上昇がみられるのは、この期間であり、それ以降はほとんど上昇しない。これが、竹を材料として利用する場合、発筍後三～四年程度経過したものが適しているとされる理由であろう。

竹材の材質は、上述したように年単位で変化するが、構成成分は季節によっても変化する。中でも竹材を利用するうえで重要なのが、伐採直後の水分量やデンプン、低分子糖類などの含有量である。伐採直後の竹の水分量が多い場合、材が重くなることに加えて、後の乾燥工程にかかる時間も長くなり、伐採から加工までの間にかかる労力が大きくなる。また、デンプンや低分子の糖類が多い場合、チビタケナガシンクイムシを代表とする害虫や、腐朽菌、カビ等を誘引し、材の劣化を引き起こす原因となる（東巽 一九四一）。

伐採直後の水分量は、発筍した年に大きく低下し、一年生以降では竹齢の増加とともに徐々に低下する。季節的な周期を持つ変化は小さいが、秋から冬にかけてはやや少なくなる。抽出成分とデンプンの量には関連があり、デンプンは初夏から夏にかけて減少し、晩秋までは少ないままであるが、冬から春にかけて再び増加する。このとき、抽出成分の量は、デンプンの増加する期間で多く、デンプンが減少する期間で少ない（浜口隆 一九五三）。このような糖類の増減には、筍を生やすための栄養の貯蔵と消費が関係すると考えられるが、すべての竹稈が筍に栄養を送る親竹として糖類を貯蔵しているわけではなく、竹稈によって糖類の含有量の差は大きい。昔から、「木六竹八」という言葉があり、「木は旧暦の六月（現在の暦における七月）に、竹は旧暦の八月（同九月）に伐るのが良い」とされているが、高温多湿で材が傷みやすい夏場に竹材を保管することを避けるという点でも、これは非常に理にかなった伝承であるといえよう。

これらの科学的内容から考えれば、竹材利用を見据えた場合には、発筍から四年程度が経過した竹を九月から一一月に伐採するのが良いといえ、竹工芸の世界で古くから経験的にいわれてきた伐採適齢時期と一致する。

竹材の乾燥と油抜きについて

竹材を材料として使用する際には、材を割れたり反ったりすることなく乾燥させるとともに、耐久性や耐腐朽性を向上させるために油抜きという作業を行うことが必要不可欠となる。以下にそれらについて述べていく。

乾燥について：糖類が少ない時期に伐採した竹においても自然乾燥中にカビが発生することが多々あることから、乾燥を短期間で行うために人工乾燥が行われる。このときに、高い水分状態から急激に乾燥させると、乾燥時に割れが発生しやすくなる。現在では、様々な乾燥方法が開発されているが、古くから用いられているのは、四〇～六〇℃の蒸気乾燥であり、加えて、事前に抽出処理を行うことで乾燥速度が速くなる（鈴木寧 一九五三）。

油抜きについて：竹材を利用する前段階として、竹材表皮からの乾燥速度を速めて竹材の保存性を高めるために油抜きという作業が古くから行われている。油抜きは、基本的に丸竹のままで行われ、乾式法と湿式法の二種類がある（佐藤庄五郎 一九七四）。乾式法では竹稈を火で直接あぶり、表面に滲み出た油分や水分を随時ウエスでふき取る。湿式法では数パーセントのアルカリ溶液等で竹を煮沸することで油分を溶かし出し、竹表面に浮き出た油分等をウエスで拭き取る。その後、乾式法では陰干しを、湿式法では天日干しを行うことによって竹材を乾燥させる。この工程を経ることで、葉緑素が紫外線で壊され表皮が象牙色になる。

竹材の矯正加工（かんてき）を科学する

竹は成長の過程で曲がることが多く、材料として使用する際には真っ直ぐに矯正してから使う必要がある。この矯正する加工のことを「かんてき」といい、古くから竹材を扱う職人の技術として伝承されている（図7）。竹材をかんてきしたり曲げたりする際には、飽水状態に近い竹材を加熱して加工することが一般的であるが、科学的に説明されてはいない。現在、職人の減少に伴って技術が廃れることが危惧されており、科学という共通言語でその技術を伝承していくことが嘱望《しょくぼう》されている。それと同時に、体力的にも非常にきつい仕事の一端でも機械化できれば、職人の負担が減ること、さらには大量生産につながる可能性もあることから、機械化に期待が寄せられている。一例として、図7に、竹材をかんてきする職人の姿を示す。

このかんてきでは、職人は、①竹をバーナーで炙《あぶ》り、②木棒で力を加えて曲げたのち、③曲げた部分付近を冷却するという作業を行っている。この①～③の作業を科学的に表現すると、①熱軟化、②変形、③（変形の）固定という三つの現象に分けられることがわかるため、飽水竹材の熱軟化・変形・

（図7）矯正加工（かんてき）をする職人

（変形の）固定などの特性を科学的に明らかにすることが極めて重要となる。ここで、これらを科学的に表現するにあたり、これらの作業を試験室レベルに落とし込んで職人が行うのと同様の実験をし、結果を科学的に数値化してみることにする。一例として、未乾燥の竹材から試験体を作製し、その試験体を水中につけ、試験体に一定の曲げたわみを与えて温度を上昇させその後下降させる過程での職人の感じる反発力（ヤング率、硬さのようなもの）を測定してみた際の結果を、縦軸に職人の感じる反発力を、横軸に温度をとって図8の左側に示している。なお、図8の右側は、温度が上昇する際に職人が感じる反発力の低下する割合（左側の図の微分値）を示しており、熱軟化の程度を表す指標となる。この図には参考に木材（ヒノキ）の結果も示している。

温度が上昇すると、職人が感じる反発力は減少し、九〇℃くらいになるとその反発力は室温付近の三分の一程度に低下するが、その後、温度を下げてもその反発力は元に戻らないことがわかる。このことは、職人がかんてき作業を行う前に竹をバーナーであぶっているのが、変形をしやすくかつ元に戻さないようにしているためであることといえる。

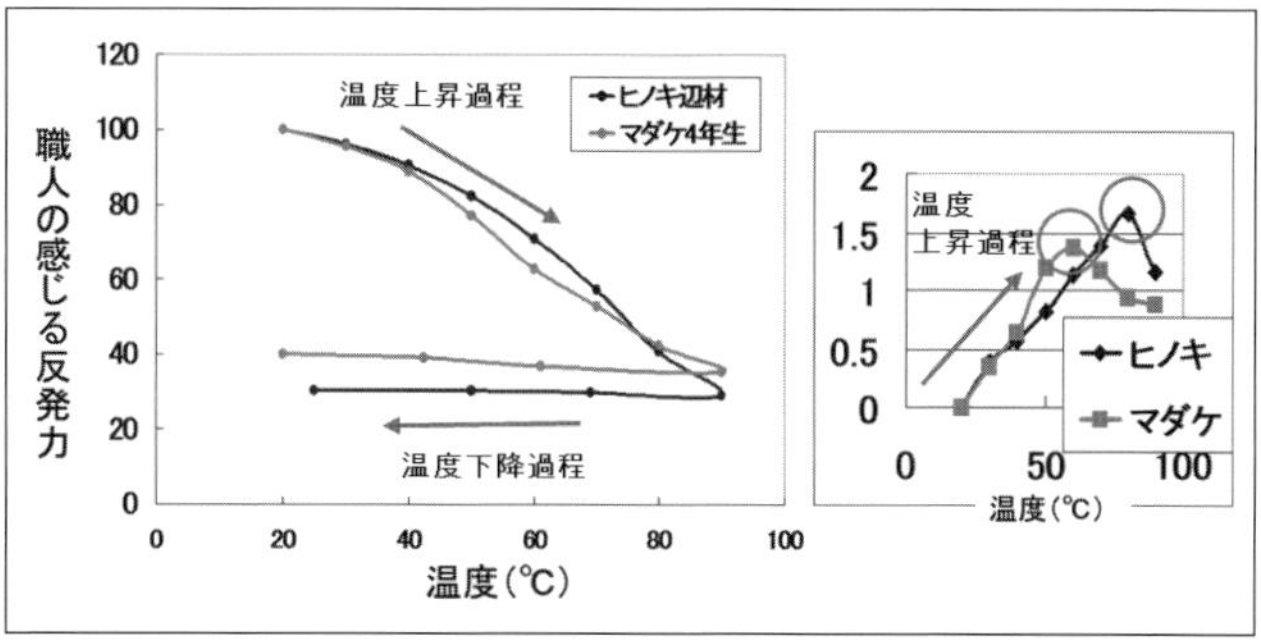

（図8）温度を上昇後加工させた際の職人の感じる竹材の反発力（右図はその微分値）

これらは職人の技術を、科学という共通言語で表現した結果であるといえるが、紙面の都合上、そのほんの一部を示したにすぎない。職人らは、これらの反発力や曲がり具合、その曲率や曲げた後の戻り具合等を微妙に調整しながらかんてきを行っているのである。技術の伝承や技術の科学的裏付けによる正当化のためにも、このような結果のさらなる蓄積が必要といえよう。

炭、竹炭を科学する

炭は、古くから燃料や調理用、脱臭などの吸着用、さらには墨汁の原料など、様々な用途に用いられてきた。炭の大きな特徴として、無数の微細なパイプでつながる「多孔質」と呼ばれる基本構造がある。その内部には分子・原子レベルの大きさを含めた無数の孔があり、それらの孔の表面を仮に広げたと仮定した際の表面積は、一グラムあたり約二五〇〜三〇〇平方メートルもあるといわれ、なんとテニスコート一面分にもなる。これは、たった一キログラムで約三〇〇万平方メートルにもなり、東京ドームに換算すると、六個強もの面積にもなる。ヤシガラなどを用いて焼く活性炭の場合は、その三〜四倍になる。この無数の孔は、吸着性とバイオリアクターとしての特性を生かして様々な効果を生み、さらには有害化学物質等の無害化にも寄与するなど、その可能性は大いに注目されている。一方で、使用法や機能が異なる炭を焼いたり、内部表面積の異なる炭を焼いたりする技術のほとんどは、職人らの経験と勘で行われ伝承してきたものであり、職人不足が取りざたされる現在、その技術の衰退が危惧されているとともに、それらの根拠となる科学的裏付けはきわめて少ないのが現状である。したがって、炭の様々な技術を伝承するために、技術を科学という共通言語として残すためにも、炭の様々な効能に対して科学的裏付けを付与するためにも、炭を科学することはきわめて重要である。

炭を焼く際に、炭の性質を大きく左右する一つが炭化温度である。そこで、異なる炭化温度で焼いた炭のナノオーダーでの孔（ミクロ孔）の電子顕微鏡写真を図9に示す。写真の黒い部分が炭の実質（結晶）部分、白い部分が孔（空隙）である。写真からもわかるとおり、炭化温度が七〇〇℃の場合、孔がきわめて多いが、二四九〇℃の場合、孔がほとんどなく、かつ整列状態（いわゆるグラファイト化）にあることがわかる。このことから、七〇〇℃で炭化した炭はミクロ孔が極めて多く吸着用としての可能性が高い一方で、二四九〇℃で炭化した炭は、実質部分が多く、硬い材料や燃料としての可能性が高いことがうかがえる。

　これらの炭の科学を背景に、竹炭について考えていこう。竹炭は備長炭などと並んで重宝され、燃料用のみならず、脱臭や除湿用などの吸着用としても利用されることが多い。炭の原料となる竹や木材などの木質物は、基本的に、炭素、水素、酸素によって構成されるが、酸素のない状態で温度を上げると、水素や酸素を中心に抜けていき、主に炭素が残って炭になるという仕組みで炭が焼ける。そして、酸素の有無や炭化温度など、炭を焼く条件次第で元素の比率や孔の数・大きさ・形状等が変わり、炭としての性能や機能も大きく異なる。ここでは、紙面の関係上、竹炭の吸湿性、言い換えれば水分の吸着特性（機能的にいえば調湿機能）に着目して考えていく。

　竹炭の調湿機能を考えるにあたり、理想的な調湿材料について考える。図10に、理想的な調湿材料の相対湿度と含水率の関係を示す。理想的な

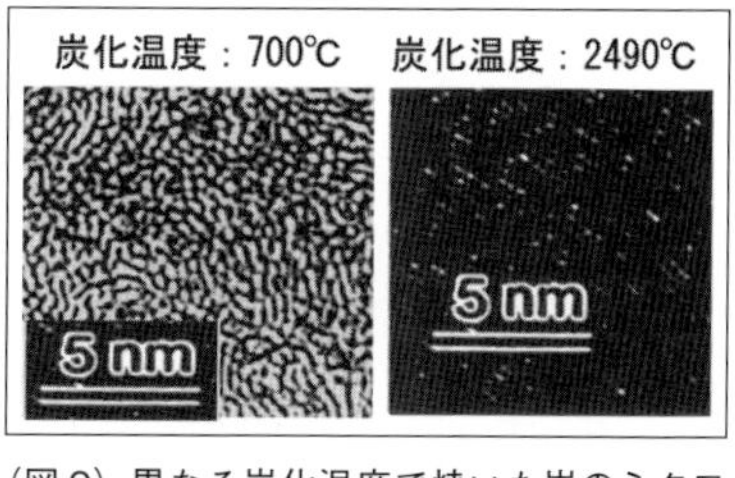

（図9）異なる炭化温度で焼いた炭のミクロ孔（京都大学生存圏研究所・畑 俊充氏提供）

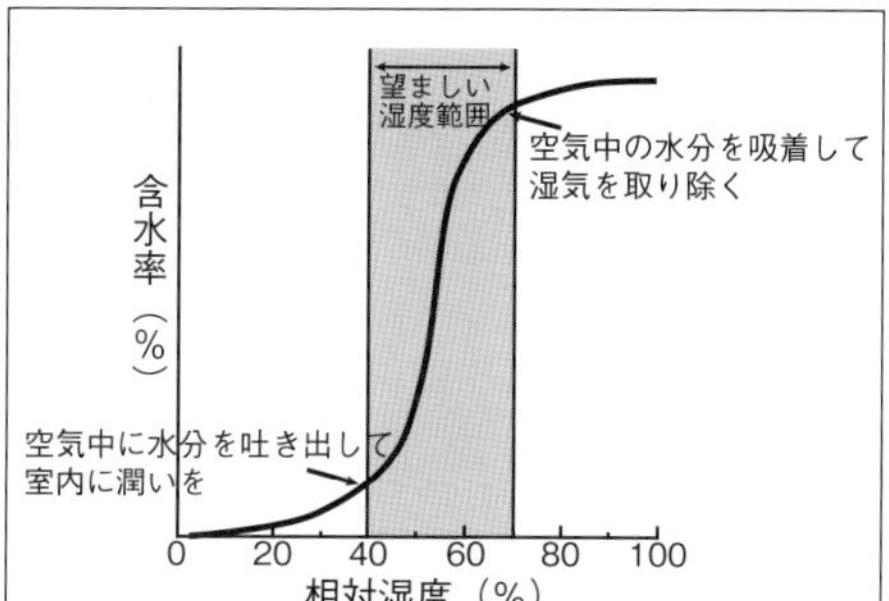

（図10）理想的な調湿材料の相対湿度と含水率の関係

調湿材料の相対湿度と含水率の関係は、人間が過ごすのに快適とされる四〇〜七〇パーセントにおいて急激に空気中の水分を出し入れし、湿度が上がると湿気を取り除き、湿度が下がると水分を吐き出して空気に潤いを与えることが大切となる。一般に、竹炭は調湿機能も優れているとされているが、それならば、竹炭の相対湿度と含水率の関係はどのようなものになるのかに興味がわく。そこで、図11に、異なる条件で炭化した竹炭の相対湿度と含水率の関係を示す。なお、賦活というのは、炭焼きの技術の一つで、炭化時に炭化後の炭により多くの吸着性を付与するような処理である。おそらくは孔を増やして表面積を増やすような処理と考えられる。具体的にはわずかに酸素を送る、無機塩を投入するなど様々な方法があるが、この図の場合はわずかに二酸化炭素を送ることによって行っている。炭化温度が上昇すればするほど、図の様相が図9に示した理想的な調湿材料の関係に類似するようになる。なお、図には示していないがこれ以上の温度で炭化した場合は、相対湿度四〇〜七〇パーセントにおける曲線の立ち上がりはむしろ小さくなる。このことからも、炭化の条件次第では、竹炭は、きわめて高性能な調湿材料になるといえよう。

そこで、次にこのような性質が発現されるメカニズムについて考えてみる。水分子一個の大きさは、

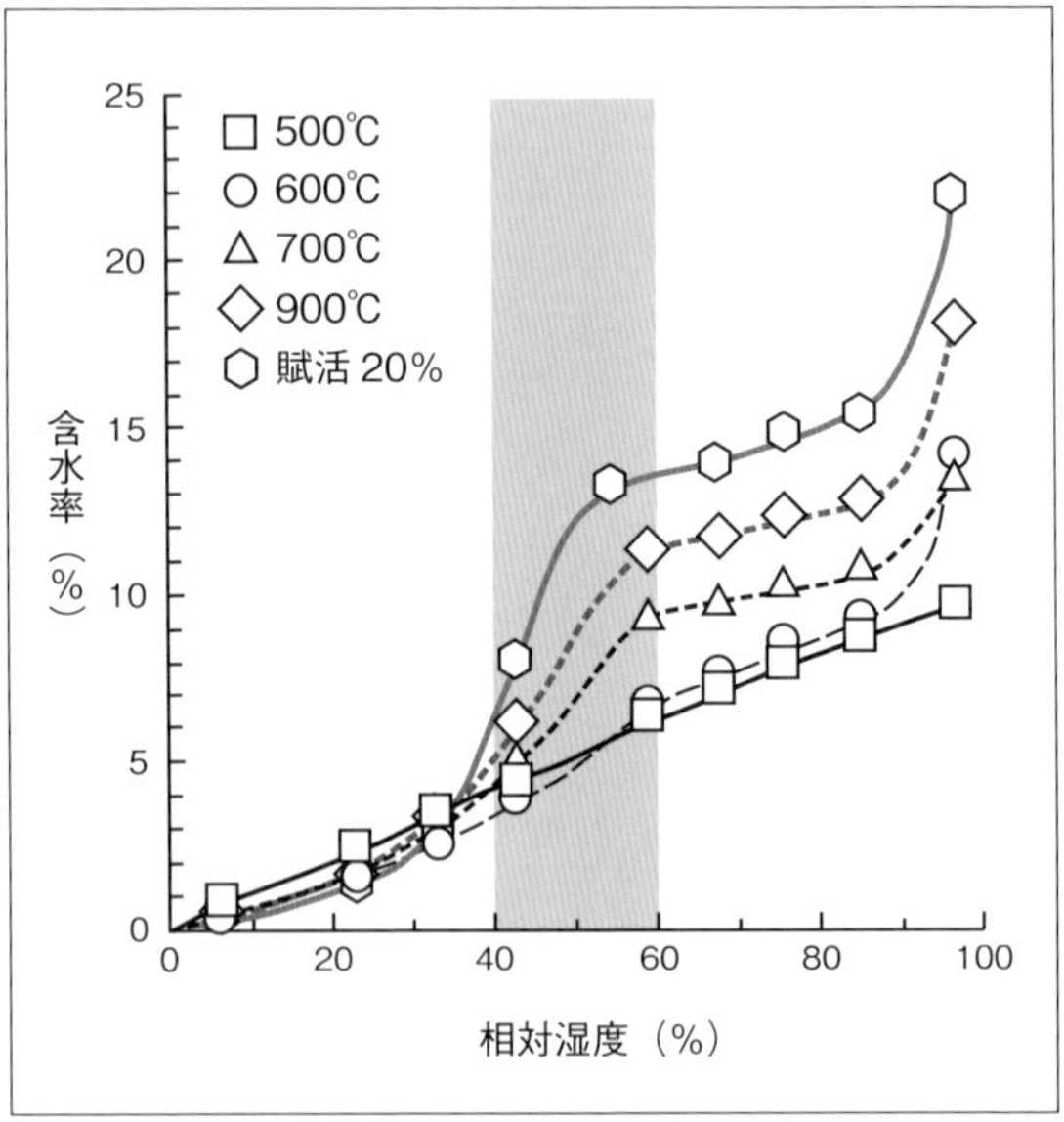

（図 11）異なる条件で炭化した竹炭の相対湿度と含水率の関係

○・三八ナノメートルであり、それがこのような湿度で吸着する場合、その表面の吸着能や様々な物理化学的法則等を考慮すると、おそらく一ナノメートル以下といったような小さな孔（ミクロ孔）が考えられる。このミクロ孔が、炭化温度や焼き方によって大きく変化し、このような特性が発現した可能性がきわめて高い。そこで、図12に、図11の竹炭のミクロ孔分布を示す。なお、図中の横軸はミクロ孔の径を原子や分子レベルの長さの単位であるオングストローム表示で（一オングストロームは○・一ナノメートル）示し、縦軸は単位重量当たりに存在する空隙の量を示している。炭化温度が上昇するにつれて、五オングストローム付近の値、すなわち前述で予想した相対湿度四〇～七〇パーセントで水分子が炭に吸着される空隙の大きさときわめてよく一致している。このことは、炭化温度が変わると、調湿機能をつかさどるようなミクロ孔の量が大きく変化する、言い換えれば、炭化温度やさらには炭化条件を制御すればミクロ孔の量を制御でき、いろいろな物質の吸着性能を制御できることを表しているといえる。職人らは、これ

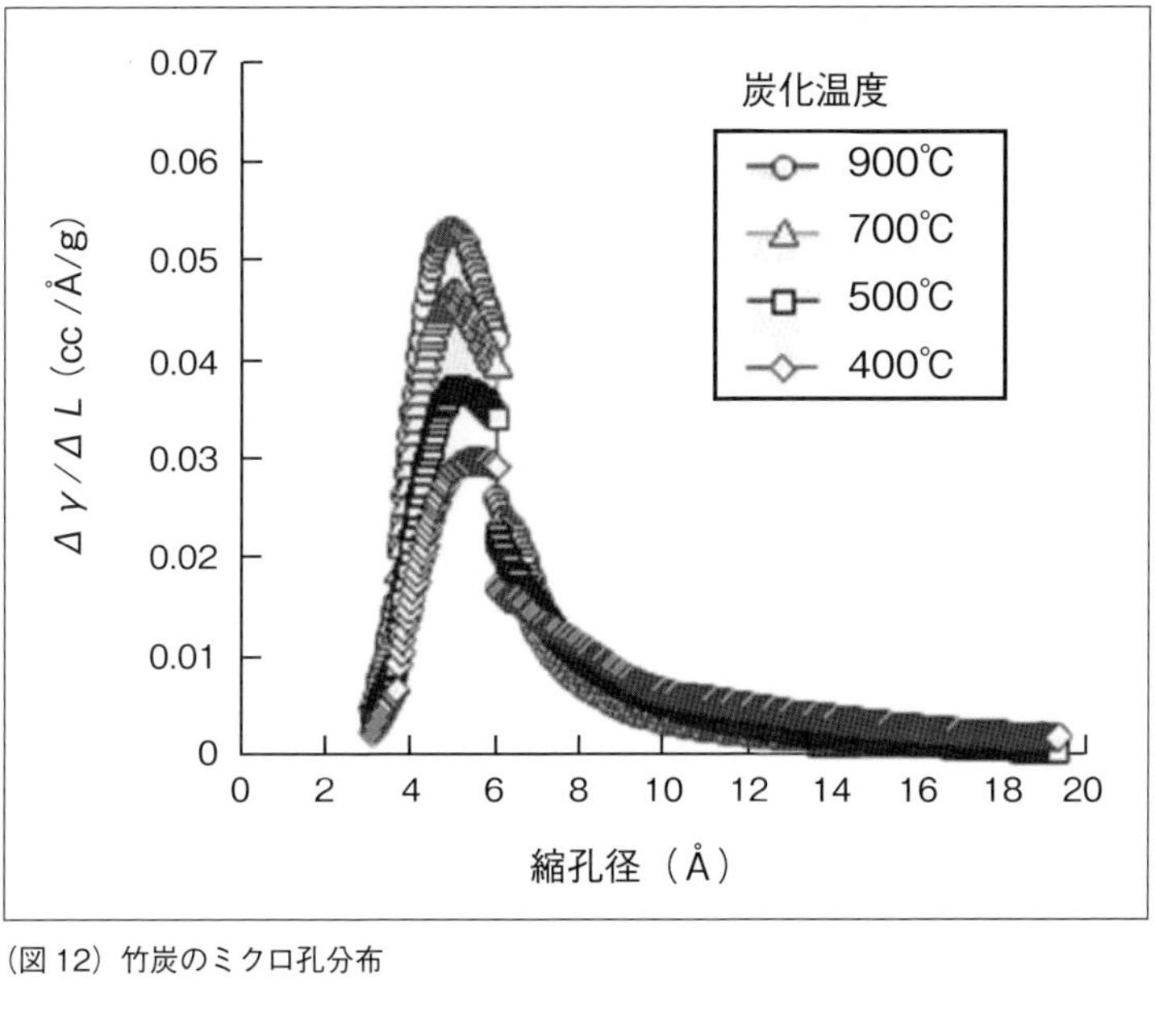

（図12）竹炭のミクロ孔分布

らを技術として習得し伝承してきたのであろう。

一方で、竹炭と同様、様々な面で高機能かつ高性能な炭によく分類されるのが木材のウバメガシから作られる備長炭である。そこで、次に、図13に、ウバメガシと同属樹種のアラカシとモウソウチクを、先ほどの図11の九〇〇℃の賦活条件で炭化させた場合の相対湿度と含水率の関係を示す。相対湿度四〇〜七〇パーセントでの曲線の立ち上がり方は、モウソウチクのほうが大きく、同じ条件で炭化した場合の炭では、モウソウチクの炭のほうが、調湿能が高いことがうかがえる。

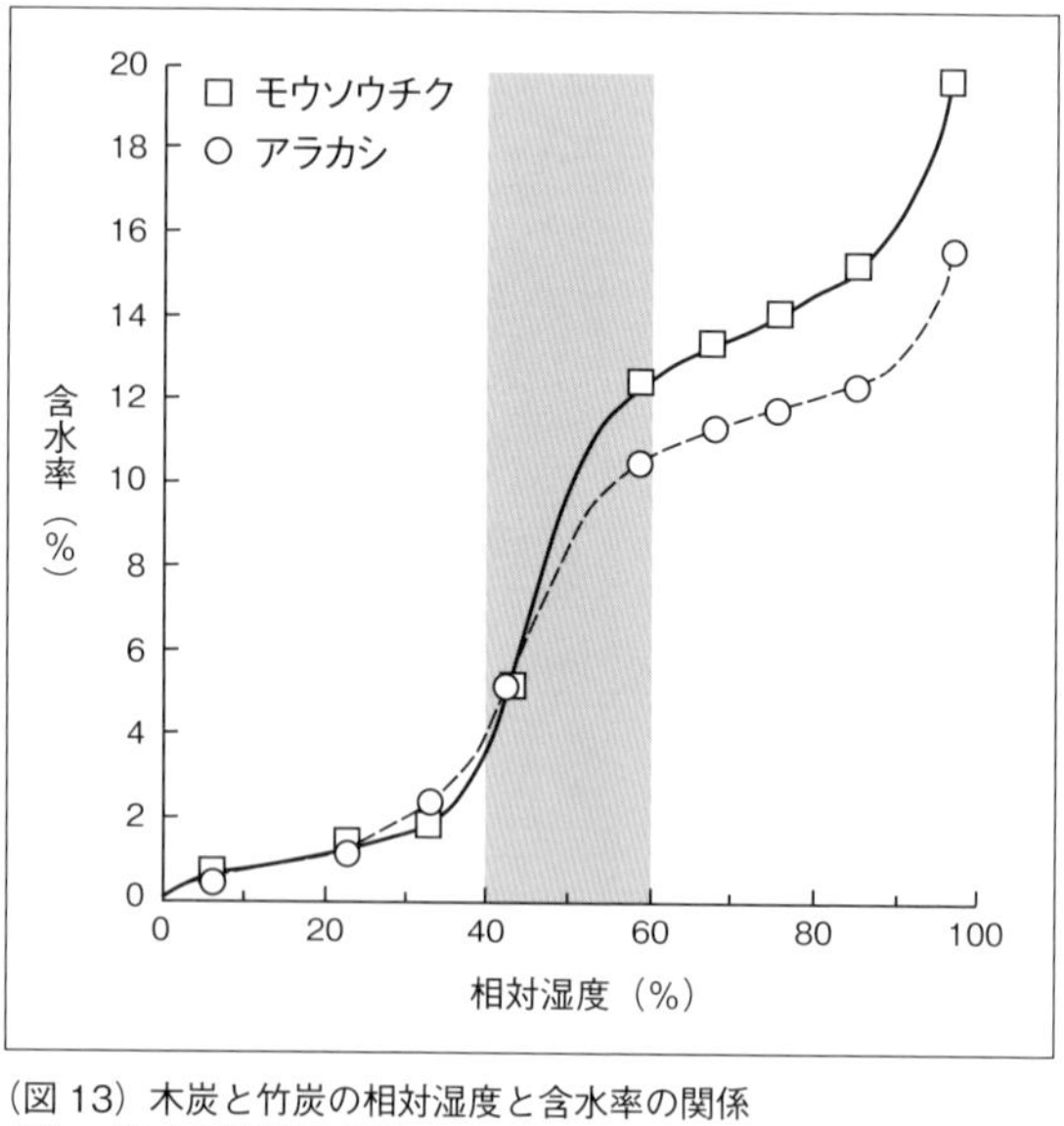

（図 13）木炭と竹炭の相対湿度と含水率の関係
（注）いずれも炭化温度は 900℃

おわりに

以上のように竹炭を中心に、職人技術を参考に炭の科学を構築した内容の一部を紹介したが、炭の効能を科学的裏付けをもって理解するためにも、炭焼き技術を科学という共通言語として伝承するためにも、炭を科学することは今後ますます重要となろう。

近年、森林・放置竹林問題の解決のために木竹材利用の重要性が大きく認知され、様々な取り組みがなされるようになってきた。京都府の森林率は約七五パーセントと長野県のそれに匹敵し、全国平均よりもきわめて高く、他人事ではない。放置竹林から出た竹材の最も大きな利用法の一つとしては、バイオマスエネルギーの利用が注目されているが、これらは安価で取引されるため、十分な対価が得られていないのが現状である。つまり、竹林には資源が多数存在するにもかかわらず、それが付加価値の高い製品として市場に流通していないことが社会問題を引き起こしているといえる。現代社会で付加価値の高い製品として市場に流通させるためには、製品をブランド化する必要があろう。

一般に、伝統工芸の盛んなところは、その分野の科学や工業技術が進みブランド化されるとよくいわれる。京都の場合、織物や陶器等の伝統工芸が盛んであり、それに伴ってこれらの分野の科学や工業技術が進んでいるのは周知の事実であろう。科学技術が進展し浸透した現在、製品に科学的裏付けを持って安心・安全を求める要求は必須となってきている。環境に調和した循環型社会を目指す必要がある現在、京都の伝統工芸である竹工芸や北山杉などをはじめとする木質系産業もそうである必要があろう。そのために、京都の洛西・嵯峨嵐山・乙訓といった古くから竹が関わる地域の工芸品や工芸技術に関しては、科学的裏付けを持った標準化（規格化）指標を作成するなどしてブランド化し、他地域の製品や他材料製品等との差別化を図っていくことが重要となるのではなかろうか。

参考文献

◎　朝日新聞社編　一九八五『竹の博物誌』朝日新聞社
◎　石丸優・古田裕三・杉山真樹編　二〇一七『木材科学講座3　木材の物理』海青社
◎　岩井吉彌　二〇〇八『竹の経済史―西日本における竹産業の変遷―』思文閣出版

◎上田弘一郎　一九八六『竹づくし文化考』京都新聞社
◎内村悦三編　二〇〇四『竹の魅力と活用』創森社
◎宇野昌一　一九三九『竹材の性質とその適用』西ヶ原刊行会
◎尾田十八　一九八〇「竹材の力学的構造と形態」『日本機械学科論文集』46
◎木村栄理子・深町加津枝・古田裕三・奥敬一・柴田昌三　二〇〇七「嵯峨嵐山における竹林景観の実態と景観保全施策に関する研究」『ランドスケープ研究』70（5）
◎清岡高敏　二〇〇一『竹資源 新素材―「竹」の産業化が始まった―』マネジメント社
◎京都市編入三十周年記念誌編集委員会　一九九〇『大原野』大原野自治連合会
◎佐藤庄五郎　一九七四『図説　竹工芸』共立出版
◎静岡県環境森林部　二〇一九『竹林整備読本』
◎鈴木貞雄　一九七八『日本タケ科植物総目録』学習研究社
◎鈴木寧　一九五三「竹材の研究第9報　竹材の水に対する諸性質について」『東京大学農学部演習林報告』44
◎竹かご部編　二〇一五『竹かごハンドブック』誠文堂新光社
◎千葉県・千葉県農林水産技術会議　二〇一九『竹林拡大を防ぐ』
◎農文協編　二〇一二『別冊 現代農業 竹 徹底活用術』（社）農山漁村文化協会
◎野村隆哉　一九八〇「竹の生長について」『木材研究・資料』15
◎浜口隆　一九五三「竹材の伐採時季と腐朽に就て」『日本林學会誌』35（3）
◎東巽　一九四一「マダケの伐季と蟲害に就て」『日本林學会誌』23（6）
◎藤井透監修　二〇〇八『新材料・新素材シリーズ―竹の基礎科学と高度利用技術―』シーエムシー出版
◎村井康彦　一九九一『京都・大枝の歴史と文化』思文閣出版
◎林野庁ＨＰ　二〇一八「竹の利活用推進に向けて」http://www.rinya.maff.go.jp/j/tokuyou/take-riyou/index.html

II 洛西の寺社

木島神社（蚕の社）の歴史

コラム4　洛西と王権　—大原野社の位置付けから—

清凉寺をめぐる二つの宗派

コラム5　松尾大社と菊御紋

Ⅱ
洛西の寺社

木島神社（蚕《かいこ》の社《やしろ》）の歴史

鍛治　宏介

はじめに

京都市右京区太秦《うずまさ》森ヶ東町（一八七四年までは太秦門前村、一九三一年までは太秦村）に所在する木島《このしま》神社（現在の正式名称は、木嶋坐天照《このしまにますあまてる》御魂《みたま》神社）は、平安京よりも古い歴史を持つ古社である。現在、木島神社の近くの京福電気鉄道嵐山本線の駅の名前が「蚕ノ社駅」であるように、一般には、「蚕の社」という名称でよく知られている。木島神社が所在する太秦は、高い養蚕技術を持っていたといわれる渡来系氏族秦《はた》氏との関わりが強いとされる土地であり、例えば『日本歴史地名大系　第二七巻　京都市の地名』でも、木島神社は、「秦氏ゆかりの神社」として紹介されている。また境内に三つ鳥居という三本足の鳥居があることでもよく知られている。

実際に境内には、本社の摂社として養蚕神社、呉服業で財をなした三井家の当主らを祀る顕名神社、西陣の縮み縮緬《ちりめん》問屋仲間からの奉納石碑など、養蚕の神として信仰を集めてきた痕跡が多く見出せる。

これまでの研究では、木島神社の歴史は充分、明らかにはなっておらず、そもそも学術的な研究もあまり行われていない。江戸時代の木島神社と深く関連する三井家の史料を駆使して、木島神社とその神職神服氏の事績を明らかにした研究（村和明 二〇一九）、発掘調査の成果報告書（高橋潔 二〇〇二）などをあげることができる程度である。本章では、古代から近代に至る木島神社の歴史を、信仰のありように注目しながら、史料に基づき紐解いていきたい。

古代の木島神社

●木島神のあらわれる古記録

歴史上、初めて「木島神」の名前を確認できるのは、「日本書紀」に続く六国史二番目の官選史書「続日本紀」の大宝元（七〇一）年条であり、葛野《かどの》郡の月読神、樺井神、木島神、羽束師《はつかし》神などの神稲を、今後は中臣氏に与えることを伝えている。遅くとも八世紀初頭、京都に都

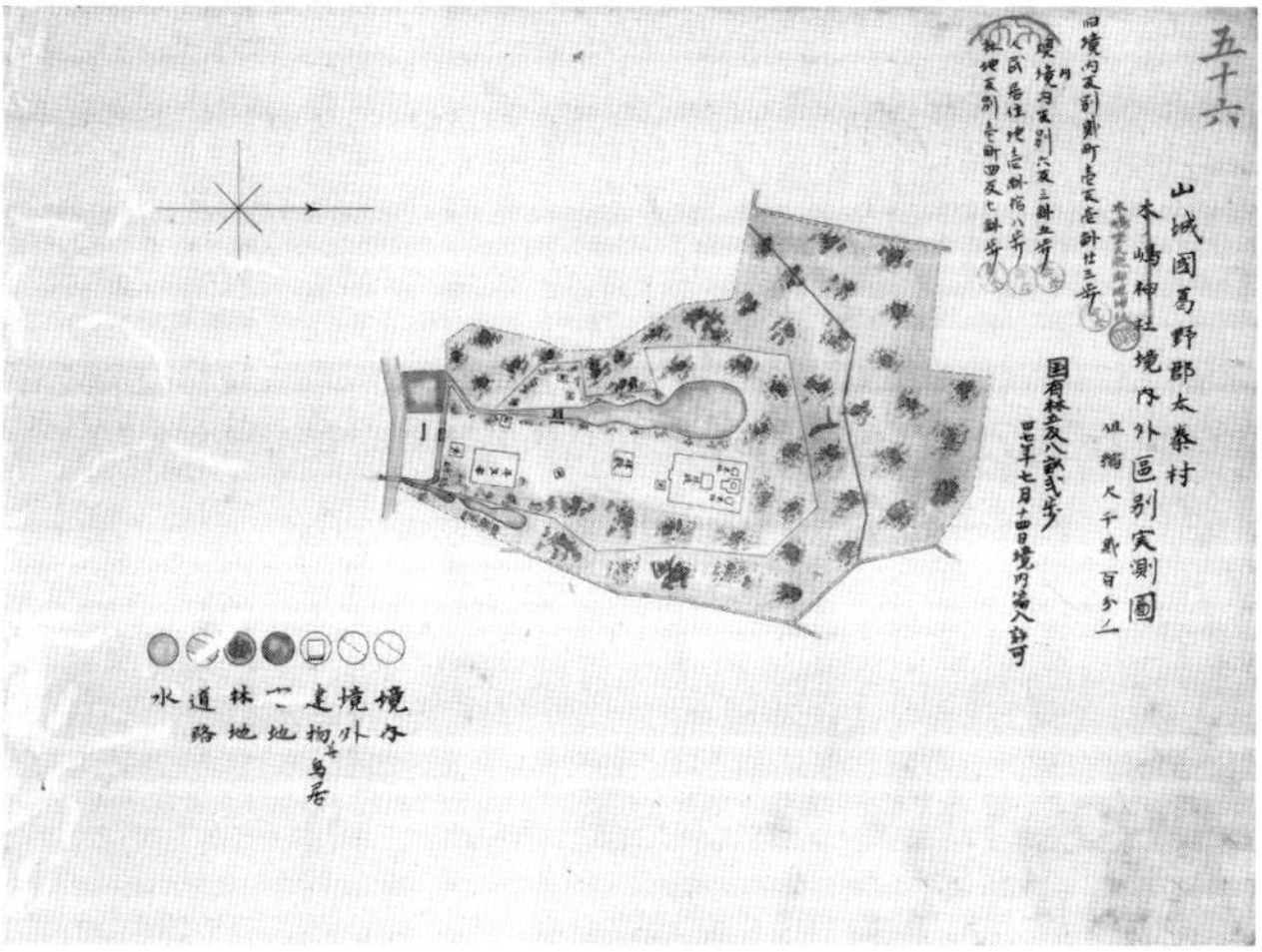

（図1）「社寺境内外区別〔取調〕図面」木島神社（1885〔明治18〕年）（京都学・歴彩館 京の記憶アーカイブ〔社寺境内外区別取調 24〕）

がおかれる九〇年以上前には、葛野郡において木島神が祀られており、神祇官の影響下にあったことがわかる。それ以前の木島神社の姿は、現代に残る記録類からは判明しない。天暦三（九四九）年に行われた神祇官による各神社の調査結果が載る「神祇官勘文」でも、木島神社の始まりは不明となっている。

なお大同元（八〇六）年成立の法制書「新抄格勅符抄」では、木島神が「許志摩神」として出てくる。ここから「木島」は「こしま」と読んでいたことがうかがえる。ただし、平安時代後期の歌人源俊頼の自選歌集「散木奇歌集」では、「このしまのみやしろ」として出てきており、平安時代後期には、現在の「このしま」という呼称も出現していることがわかる。

●祈雨の神としての木島神

古代の史料にあらわれる木島神社の特徴としては、祈雨の神としての性格が目立つことが指摘できる。祈雨の神とは、雨を降らせたり、止めたりする力を有するとされた神である。たとえば「日本三代実録」の貞観元（八五九）年九月八日条には、山城、大和、河内、和泉の四四社に、長雨を止める祈りのための使いが朝廷から派遣された記事が載っているが、そこに木島神社の名前もあがっている。特に天慶二（九三九）年からは、木島神社は祈雨一一社の一つにみなされるようになり、長雨や旱魃《かんばつ》の際に、朝廷より幣帛《へいはく》をささげる奉幣が行われている（並木和子 一九八六）。

先述した平安時代後期の歌人源俊頼の自選歌集「散木奇歌集」には、「あなしにはこのしまのみやしろたへのゆきにまがへるなみはたつらん」という和歌が載る。日照りを呼ぶ西北風である「あなし」が吹いても、木島神社の周囲だけは、真っ白な雪と見間違えるような、波がたっているであろう、という意味であり、祈雨の神としての木島神社の性格がみてとれる。考古学の発掘調査でも、木島神社の境内から、平安時代中期後半の石敷遺構や溝、泉などがみつかっており、境内において、水にまつわる祭祀が行われていたことが想定されている（高橋潔 二〇〇二）。

中世の木島神社

●性愛の神としての木島神

律令国家体制下では祈雨の神としての側面が強かった木島神社であるが、平安時代後期より性愛を司る神としての性格も持つようになる。例えば高山寺に伝わる吒枳尼天法《だきにてんほう》を修する際に用いられた祭文は、配偶者を求める男女に対して、その成就を願うものであるが、男性用の祭文にも、女性用の祭文にも、木島の神が、稲荷神、道祖神などとともに、性愛を司る女神である阿小町として登場する（阿部泰郎 一九九八）。一一世紀の流行歌謡を後白河天皇が集めた「梁塵秘抄」に出てくる、京都の街中より春をひさぐ女性たちを求めてやってくる男性たちに、しきりに声をかける「木の島の神」も、また寛弘四（一〇〇七）年成立の勅選和歌集「拾遺和歌集」に載る、木島における艶めかしい尼の存在を示唆する和歌も、性愛の神としての木島の神の存在を示唆している。明応八（一四九九）年の「山城州葛野郡楓野大堰郷広隆寺来由記」において、「木島の神」が「女」であるとされるのも、この性格が反映されたものと思われる。

●学問の神としての木島神

木島の神は、学問の神としても知られている。康永三（一三四四）年の醍醐蔵本「遊仙窟」奥書や、慶安五（一六五二）年に出版された『遊仙窟』の跋文《ばつぶん》（あとがき）に載る伝承によると、嵯峨帝の蔵書中にある中国唐代初期の伝記小説「遊仙窟」を読みこなせるものがおらず困っていた際、平安時代中期を代表する学者大江維時《おおえのこれとき》が木島神社にいた老人に訓読の伝授を受けることができたが、実はその老人は木島明神の化身であった、という。この伝承は、江戸時代以降、地誌類や神社考証書等でも数多く紹介されている。

●木島神の祟り

祈雨の神、性愛の神、学問の神としての性格を持つ木島神社は、室町将軍足利義政に祟りをなしたこともある。長禄二（一四五八）年に起きたこの一件については、公卿清原宗賢の日記「宗賢卿記」、大外記中原師郷の日記「師郷《もろさと》記《き》」、賀茂（勘解由小路）在盛の日記「在盛卿記」、相国寺の禅僧瑞渓周鳳の日記の抄出本「臥雲日件録抜尤《がうんにっけんろくばつゆう》」など、多くの同時代史料が残る。

長禄元年冬、仁和寺の辺りにある木島明神と号す社にあった杉の霊木二本のうち一本を、室町将軍足利義政が六角政堯《ろっかくまさたか》に命じて伐採して、翌二年閏正月に将軍邸に運びこんだ（「宗賢卿記」「臥雲日件録抜尤」）。当時、義政は烏丸資任《からすますけとう》の屋敷烏丸第を自らの御所としており、祖父義満、父義教の御所であった室町第から建物を移築するなどして整備を進めていた（川上貢 二〇〇二）。ちょうど持仏堂や泉水の造営が行われているところであり、木島明神の霊木も、庭の水筒に使用される予定であった（「師郷記」）。ところが将軍義政や、義政の生母日野重子、義政の妻の日野富子、さらには女中ら一五、六名が次々に病気となった（「宗賢卿記」）。この事態をうけて、吉田社の神主吉田兼名より、木島明神に神位を授け、杉を木島明神に返し、神楽を行い、剣と神馬を献上し、拝殿の修理を行うことなどが進言される（「在盛卿記」）。この進言に基づき、朝廷内でも議論がなされ、木島明神に授ける神位について、正一位が検討されたが、平安時代後期より諸国諸社増階が何度も行われたことで、木島明神はすでに正一位となっており、重ねて正一位を授けることはできないので、すでに正一位であることを確認する綸旨を出すことが決定している（『宗賢卿記』）。また神道家吉田兼名により祈祷も行われている（『師郷記』）。

このように神木が祟りを招来したとされる事例は、斉明七（六六一）年、朝倉社の神木を伐採して死亡したとされる斉明天皇や、貞観三（八六一）年、神社の神木を伐採して死亡したとされる清原岑成《きよはらのみねなり》など、歴史上、数多く知られる（西山良平 一九九五）。室町時代においても怪異と王権が深い関係にあったことは、例えば、五代将軍義量《よしかず》の死に際して、様々な怪異が噂された事例（西山克 二〇一〇）や、嘉吉三（一四四三）年、義満・義教の御所室町第において「妖物」が出没する怪異が頻発したため、新将軍義政が室町第ではなく烏丸第を御所とし、生母重子らも室町第から移り住んだという事例（川上貢 二〇〇二）などが知られる。

なおこの木島神社の祟り一件の中で、吉田兼名は、木島神のことを、「短命を転て、長命をさつくる神にて、人のいのちをたすくる神」（『在盛卿記』）としている。

木島神は古代に祈雨の神として崇められて以来、性愛の神、学問の神、命を助ける神など、様々な性格を帯び、またいくつかの伝承も語られていることがわかる。注目しうるのは、現在、木島神社を語る叙述の中で、必ずといっていいほど語られる養蚕の神としての側面に結びつくような逸話が、古代の史料においても、中世の史料においても、まったく出てこないことである。木島神社が養蚕の神としての性格を帯びるようになるのは、江戸時代を待たなければならない。

江戸時代の木島神社

●観光都市京都における木島神社

江戸時代の京都は、観光都市として発展を遂げ、京都に関する観光ガイドブックや地誌類が数多く刊行されるようになる。現地取材も行わずに記事を書いたと思われるものもあるが、中には実際に訪れた現地の様子を詳しく伝えるものも存在している。また京都観光に来た人が、木島神社を訪れ、境内の様子を旅日記に記すものも登場し始める。これらの地誌や旅日記から重要なものをいくつか紹介する。

江戸の旗本石出帯刀吉深（号は常軒）の寛文四（一六六四）年の旅日記「所歴日記」では、太秦の南の田の中に森があり、そこに入ると、神前の石灯籠に「木嶋明神《このしま》」と書かれていることを指摘したうえで、遊仙窟の説話を詳しく紹介している。さらに、このような名神ではあるが、現在は信仰する人もないためか、小さい社があるのみで、拝殿もないことを指摘している。江戸時代前期の木島神社の様子をうかがう貴重な証言といえる。

宝永三（一七〇六）年の序文がある貝原益軒による『京城勝覧』は、京都の観光モデルコースを掲載するものであるが、「西方」の嵯峨の名所を載せる箇所の最後、広隆寺の後に木島神社の記事と現地の様子を伝える挿絵が載る。記事では、太秦の東南にあること、「天照太神」を祀る社があること、道の北にあり、林があることを記している。挿絵では、林の中に社殿が一棟描かれているが、林の中には泉も鳥居も描かれていない。

正徳元（一七一一）年刊『山州名跡志』は、著者沙門白慧が実地踏査を行い、神社仏閣や名所旧跡の由来、縁起と現況を記した地誌である。木島神社は、林の中にあること、南向きの木製鳥居があり、南向きの社殿には天照座御魂神が祀られていること、俗に「本糺《モトタヾス》」と称すること、社殿の側に清泉があること、その泉を御手洗と称していることを記す。林の入り口の鳥居や、社殿横の泉について詳細に記述しているにもかかわらず、三つ鳥居に関する言及はなく、まだ存在していないことがわかる。

安永九（一七八〇）年に刊行された秋里籬島《あきさとりとう》の『都名所図会』は、これまでも木島神社の歴史を語る際には数多く紹介されてきたものであるが、江戸時代中期の木島神社の境内の様子を詳細に伝える重要な史料である（図2）。本社には天照御魂神《あまてらすみむすびのかみ》を祭っており、脇に瓊々杵尊《ににぎのみこと》、大巳貴命《あなむちのみこと》が左右に鎮座していること、境内には、蚕粮社《こかいのやしろ》が本社の東にあり、糸・綿・絹を商う人々の崇敬を集めていること、境内西には清泉があり、元糺《もとただす》と呼ばれており、その中に石柱の三つ鳥居があること、森の入り口にも八角の石鳥居があり、例祭は九月二一日、蚕粮社の神事は三月一一日であることなどが記されている。これまでの記録では記されることのなかった蚕養神社や三つ鳥居の存在に触れているという点で注目しうる。江戸時代前期に木島神社を訪れた石出帯刀がみた光景とも、また正徳元（一七一一）年以前に同社を訪れた白慧のみた光景とも異なっていることがわかる。

（図2）『都名所図会』巻四「木嶋社」（京都学・歴彩館 京の記憶アーカイブ）

この間、木島神社が遂げた変貌については後述する。同様の様子は、天明四（一七八四）年版『京城勝覧』や、江戸で出羽久保田藩の御用達商人を勤めた国学者、津村淙庵が寛政五（一七九三）年に大坂や京都に訪れたときの記録「思出草」でも確認できる。

相模国大住郡坂本村（現・神奈川県伊勢原大山）の大工棟梁であり、大山寺御師でもある手中明王太郎敏景も天保一二（一八四一）年に木島神社に参詣している。その旅日記「伊勢道中日記控」において、木島宮の社殿は神明造り、蚕養社の社殿は流造りであると記している。

木島神社を訪れた旅人の日記や、地誌類の検討により、木島神社が、江戸時代中期に大きな変容を遂げたことが確認できた。次にこの変容に大きく関わった三井家と木島神社神職神服《はっとり》氏についてみていく。

（図3）田中緑紅「太秦の三つ鳥居（木嶋神社）」
（田中編『京のおもかげ』中巻、郷土趣味社、1932年）

●木島神社再興神主神服宗夷と三井家

木島神社の神職として正徳年間より史料に登場する神服《はっとり》日向守宗夷は、三井家新町店初代の高治が、同家筆頭執事の江尾市兵衛を手代のまま神服家の神職株を譲り受けさせ、神職を兼務させた人物であるという（吉田伸之 二〇〇〇）。三井一族の統括機関大元方の史料によると、三井新町店の台所役人として、正徳元（一七一一）年一二月までは「江尾市兵衛」、同年一二月には「服部市兵衛」、正徳三年には「神服市兵衛」の名前が確認でき、正徳元年に江尾市兵衛が神服家の養子となり、同四年より神職となり、木島神社を再興した可能性が指摘されている（村和明 二〇一九）。

正徳元年以前に『山州名跡志』の著者白慧が木島神社を訪れた際には、すでに社殿や鳥居や泉が境内に存在しており、その段階でも一定度、境内が整備されている様子がうかがえるが、一六、一七世紀段階の木島神社については同時代史料が残っておらずよくわからない。神服宗夷は、寛延二（一七四九）年の「覚」でも、木島神社に三五年関わっていると述べており、正徳四年から神職を務めていることは確実である。享保三（一七一八）年に奉納された神鏡や、境内の石灯籠などで、神服氏は「再興神主」を名乗っている。享保八（一七二三）年より、「木嶋ノ宮造立」のため三井家両替業部門から融資が行われたり、享保二一（一七三六）年には三井家により石橋が建立されたりしていることが村により明らかになっており、ここでいう「再興」は、神社境内の再整備が進められたことを表しているのであろう。

神服氏は、京都の堂上公家であり、神道の本所として全国の神社を統括していた吉田家とも深い関係があり、宗夷は、当時の吉田家当主兼敬の門弟であった（若杉温 一九八二）。両者の関係もあってか、吉田家は三井家に関わる妖怪調伏《ちょうぶく》の祈祷を行い、江戸における三井家の守護神とされた三囲稲荷社への神位授与も行っているが、いずれも神服氏がその仲介役を果たしていた。

宝暦期になると、三井の祖先を祀る顕名霊社が創出される。三井家内で家祖高利の長男の家系である北家の専制体制が確立する中で、自家の地位と権威の挽回を図った伊皿子家（高利次男高富の家系）の意向が強く働いたようである（村和明 二〇一九）。さらに吉田神道の浸透を図りたい吉田家の思惑も重なり（榎本直樹 一九九七）、その中で神服氏が自らの立場を確立させ、社殿の整備が進められていったのである。

神服氏は、享保一二（一七二七）年の「霊璽勧請ノ祭文」では、「三河国造神服連後葉」という由緒を名乗っている。古代において、大嘗会の際に奉られる神服《かんみそ》は、九月上旬、長二人、織女六人、工人二人がト定で決められて、神服使が絹糸を奉持して、織部の長らを率いて上京し、神服の和妙《にぎたえ》を織り上げていたことが古記録には記されており、その神服部《かんはとり》の末裔ということであろう。

宝暦三（一七五三）年、宗夷は「和志津主水」と改名し、養子の宗美が日向守を襲名する。この「和志津」という名称は、遠江国敷知郡鷲津村（和志津村）と関連があると思われる。遠江国敷知郡の初生衣《うぶぎぬ》神社の由緒書には、古代以来の伊勢神宮への神服の奉納を通じた鷲津村と神服氏、さらには三河国牛久保の国衆牧野右馬成定との関わりが語られている。この牧野氏は、遅くとも文政七（一八二四）年には木島神社末社稜道神社に祀られている「牧野右馬頭」と推定される。

このような木島神社神職神服氏の出自については、享保期以前の一次史料が存在せず、詳細は不明とせざるをえない。吉田家の門弟ということで、大嘗会に関わる神服部関係の古記録などにも接しうる立場であったことを考慮すれば、その影響を受けている可能性も想定できよう。

●木島神社神職神服宗美の活動

宗夷の死後、宝暦五（一七五五）年五月に神服氏の家督を継いだのが、養子として神服氏に入った宗美である。宗美は、寛政一二（一八〇〇）年九月に亡くなるまで、木島神社の神職、禁裏の幡鉾役、公家滋野井家の家司、また歌人小沢蘆庵の高弟として、様々な顔をみせながら活躍しており、宗美の代に木島神社の景観も大きな変貌を遂げることになる。

三井家の史料では、宝暦一三（一七六三）年に「蚕飼社」の存在が確認でき、また明和二（一七六五）年には「蚕養神講」が行われているという（村和明 二〇一九）。現在、蚕養社は、本社の右脇に祀られているが、安永九（一七八〇）年の『都名所図会』では、現在とは異なり、玉垣より手前の境内なかほどに「こがひ社」の場所が描かれている。呉服業で財をなした三井家の信仰が篤い神社として、蚕養社が建てられ、織物業の人々への信仰も集めることになったのであろうが、三つ鳥居が建てられた経緯も含めて、その詳細は明らかでない。

また安永九（一七八〇）年には、三井家の祖を祀る顕名霊社の祠が木島神社本殿脇に立てられたことも明らかになっており、同年の三井家大元方の記録「寄会帳」では、祈祷料として三井家が毎年神服氏に払っていた守料を銀五枚から銀六枚に増額し、初穂料として毎年金一〇疋を備えることも定められている。『都名所図会』に描かれた境内は、このような三井家の庇護により、変貌を遂げた後の姿だったのである。

宗美は前述したように、木島神社神職以外の顔を持っている。神服氏は、朝廷の地下官人《じげかんじん》の官方として、即位儀礼に掲げられる宝幢や四神旗などの幡に関わる幡鉾役を享保期より務めているが、安永四（一七七五）年に宗美が三井本店と両替店に提出した願書によると、宗美は、父の宗夷より木島神社の神職と檀家を譲られており、同じく父が務めていた朝廷の幡鉾役と西院村の住吉社の神職については、宗美弟が相続したが経営困難に陥り、弟は結局、この二つの役儀を兄に譲り、京都の医師菅隆伯に師事し医業修行を行うことにしたという。時代は下るが、文久元（一八六一）年に死去した神服宗故の葬儀諸費用を書き上げた史料「蜜葬之節入用小書」でも、地下官人のうち官方役人を管掌していた壬生官務家への継目の御礼代などが、吉田家への継目料や、領主である広隆寺への付け届けなどとともに計上されている。神服氏にとって三井家のみならず、朝廷地下官人として、神職として、また太秦門前村の住人として、壬生官務家、吉田家、広隆寺の三者との関係も重要であった。

宗美は、公家滋野井家の家司も務めていたことが、秋田藩士の日記「石井忠運日記」や、南三井家四代当主高業の記録「高業抄」からわかる。三井家も宗美の滋野井家との回路を利用していた。さらに宗美は江戸中期の歌人小沢蘆庵の門弟としても活躍していた。蘆庵歌集の自筆歌集稿本「六帖詠藻」には、宗美の名前がしばしば登場しており、蘆庵やその門人たちと京都各所にでかけて和歌を詠んでいる姿を確認できる。また寛政三（一七九一）年に推定しうる書状では、蘆庵邸で行われる秋季会の紙筆料の取りまとめを宗美が行っており、蘆庵門人グループにおいて、宗美が主導的な立場で活動している様子がうかがえる。

このように、再興神主としては二代目であり、京都の文人界でも活躍した宗美の代に、木島神社境内に、蚕養神社や顕名霊社が建てられるようになり、神社として参詣客も多く集め、発展していったことが確認できた。

●西陣と木島神社

『都名所図会』では、「糸わた絹を商ふ人此社を敬《けい》す」と書かれた木島神社であるが、一九世紀に入ると、織物関係の人々の木島神社への具体的な信仰の様相がうかがえるようになる。

現在も境内に残る石造物の中には、織物関係者が寄進したものも多い。文化七（一八一〇）年の常夜灯は呉羽講が寄進しており、詳細は不明であるが呉服業者による寄進であることがわかる。本殿前の玉垣の中に埋め込まれた石碑は、

（図 4）木島神社境内石碑。文化 14（1817）年 5 月建立。（京都市右京区太秦森ヶ東町）木島神社境内

西陣の縮み縮緬仲間が文化一四（一八一七）年に寄進したものである（図4）。縮み縮緬仲間は、西陣機業の中核的存在である織屋仲間として、二四六軒を有する有力仲間の一つである（杉森哲也 一九八〇）。また天保四（一八三三）年に建てられた「元ただす糸絹商売守」という刻文のある道標は、輸入された生糸を取り扱う西陣の分糸屋、銭屋八郎兵衛が建立したものである。

このような石造物にみられる西陣の人々と木島神社の関係は、三井家の史料の中にも見出せる。寛政九（一七九七）年の三井家大元方の記録「寄会帳」には、木島の養蚕社再建が行われ、西陣の問屋中が社殿を、織屋中が井戸・屋形・神楽所を、糸屋町講中が絵馬堂や石玉垣を、江戸の組屋中が神社表の石橋を寄進し、さらに三井本店以下の各店が金銭を負担して、拝殿を造立したと記されている。木島神社内の社殿や鳥居が、火災や地震、風害、雪害などで破損し、神服氏が三井家に修理代の負担を依頼する史料は、三井文庫所蔵史料の中にも様々に残っているが、この記録は、西陣の織物業の人々もその金銭負担を担っていたことを示す初出の史料となる。

このような動向の背景に木島神社の側による積極的な働きかけがあったことがわかる史料が、篠屋（笹屋）を屋号として西陣で絹織物取引の上仲買などを営んだ商家木村卯兵衛家に二点残されている。「元糺社神輿修復ニ付き講加入依頼書」は、差出人が元糺社神主と講中であり、洛西元糺蚕養社および木島社や末社、神輿などが大破したため、修復のために五年間、毎月一二文の出資を行う講加入者を募集するものである。講加入者には「朝暮蚕満作商売御繁栄之祈祷」を行うことを約束している。この依頼書は木版の刷り物であり、西陣地域において同様のものが広く頒布されて、講加入を募ったと思われる。もう一点の「寄進月掛請取覚」は、元糺神主を名乗る神服仙之進（宗城）と、糸屋町世話方講中（印は「今宮講」と読める）が発行した講掛銭の請取書である。「掛銭済」という印が年と各月の上から捺されており、木村家は実際に講に加入し、文政三（一八二〇）年まで五年間にわたって掛け銭を支払い続けたことがわかる。木村家が位置する北之御門町は、町組でいうと下西陣組の中の石薬師組という組町（小組）に属していた（村山弘太郎 二〇一五）。この地域は、今宮社の氏子地域であり、今宮祭礼に下西陣組の十三番目の行事町として、北之御門町も関わっている（坂本博司 一九八〇）。西陣の織物業者にとっては、氏神である今宮神社との関係が中心であったことは当然であるが、「蚕満作商売御繁栄」のご利益をうたう木島神社に対する信仰も浸透していたといえる。

このような木島神社に対する織物業者の信仰は幕末期に、より広がりをみせている。神服氏の代替わりに要した経費を書き上げた文久元（一八六一）年の史料「蜜葬之節入用小書」には、糸屋町西陣織屋中や諸国糸場へ配る「札」と「御縁起」が計上されており、西陣のみならず「諸国糸場」へ、蚕の社の由緒を記した略縁起や札を配っていたようである。

以上みてきたように、江戸時代半ば以降、三井家との関係が始まってから、蚕養神社の創建など、「蚕の社」としての性格が大きく前面に出てきたことが確認できた。熱心な対外的活動の成果もあってか、参詣客も増えたようで、天保一一（一八四〇）年に家督を嗣ぎ、天保一四（一八四三）年に死去した宗敬（俊蔵）の代には、「参詣人無数」のため、三条通りから神社までの参詣道の拡張が計画され、次の宗故（起造）の代に、弘化四（一八四七）年に地主と交渉をして道路を拡張していることが三井家の史料「奉願口上覚」からわかる。また嘉永五（一八五二）年には、境内に神楽所と詰所（後の社務所）も建立しており、多数の参拝客を迎える体制を整えている。

明治以降の木島神社

●明治宗教改革と木島神社

明治になり、維新政府の宗教行政変革が進む中、木島神社のありようも大きな影響を受けることになる。中でも社務や社司の中に広隆寺関係者が入ってきたことは木島神社にとっても大きな変化であった。また明治中頃、京都府は、士族や郷士、農民を雇い、強引に各神社へ祠官・祠掌として配置する政策を進めた(福井純子 一九八八)。その中で、木島神社でも、粟田口村の大賀華使という人物が祠官に就任するが、その人物が明治一五(一八八二)年に辞職するにあたり、神社の氏子たちは正徳以来の由緒がある神服氏を後任に願っている(「人民指令」)。明治初期、宗教行政変革のあおりをうけて、木島神社も一時期混乱をみたが、明治中期には、また神服氏を中核とする体制に戻ったといえる。

●明治以降の養蚕信仰の定着

最後に、明治二三(一八九〇)年に京都の社会運動家人見鹿太郎が発行した勧農雑誌『農工商』の記事から当時の木島神社の様子を確認したい。この記事では、木島神社の祭礼の際には、京都西陣織屋の若者連中が織物業の成功のために神輿を担ぎに来ており、また春の養蚕の季節

(図5) 蚕養神社守札図(人見鹿太郎編『農工商』第13号、殖産社、1890年11月15日)

には、木島神の守札を戴き、養蚕の豊熟を祈るために全国から参詣人が訪れており、世間では、木島神社のことを蚕の神とのみ認識していることも多いことを伝えている。

ここまでみてきたように、木島神社は、古代の律令国家体制の中では、祈雨の神としての位置を担っていた。平安後期以降、性愛の神や学問の神、長命の神など、時代により大きくその性格を変えていき、時には室町将軍に祟りをなすこともあった。江戸時代中期に三井家の庇護のもと神服氏が神社神職になって以降は、三井家の祖神を祀る場として、さらに養蚕の神としての性格を強めていき、西陣の織物商にも積極的に神主自ら信仰を広めており、参詣者の増加を図っていた。こうして、西陣、さらには、全国の人々の崇敬を集める「蚕の社」になったといえる。

参考文献

◎阿部泰郎　一九九八「道祖神と愛法神―敬愛の神々とその物語をめぐりて―」『湯屋の皇后―中世の性と聖なるもの―』名古屋大学出版会
◎榎本直樹　一九九七「神階から勧請へ」『正一位稲荷大明神―稲荷の神階と狐の官位―』岩田書院
◎川上貢　二〇〇二「義政の御所」『新訂 日本中世住宅の研究』中央公論美術出版
◎坂本博司　一九八〇「今宮祭と西陣」『芸能史研究』七一　芸能史研究会
◎杉森哲也　二〇〇八「西陣の社会構造―西陣機業と下職―」『近世京都の都市と社会』東京大学出版会
◎高橋潔　二〇〇二「調査の概要」『史跡木嶋坐天照御魂神社（蚕の社）境内』京都市埋蔵文化財研究所
◎並木和子　一九八六「平安時代の祈雨奉幣」二十二社研究会編『平安時代の神社と祭祀』国書刊行会
◎西山克　二〇一〇「再論・室町将軍の死と怪異」『人文論究』五九―四　関西学院大学人文学会
◎西山良平　一九九五「〈聖体不予〉とタタリ」門脇禎二編『日本古代国家の展開』上巻　思文閣出版

◎福井純子　一九八八「地域社会と明治維新―氏神から郷村社へ―」岩井忠熊編『近代日本社会と天皇制』柏書房
◎村和明　二〇一九「三井の祭祀と神職・本所―一八世紀の吉田家・土御門家とのかかわりを中心に―」朝幕研究会編『論集 近世の天皇と朝廷』岩田書院
◎村山弘太郎　二〇一五「近世京都における祭礼運営と町組―西陣・今宮祭を事例として―」『研究論叢』八六　京都外国語大学国際言語平和研究所
◎吉田伸之　二〇〇〇「解題 三井文庫所蔵史料（財団法人三井文庫所蔵）」京都冷泉町文書研究会編『京都冷泉町文書』別巻　思文閣出版
◎若杉温　一九八一「三囲稲荷と三井家―江戸の稲荷の商業神化について―」『朱』二五　伏見稲荷大社
◎『日本歴史地名大系 第二七巻　京都市の地名』平凡社　一九七九年

［補記］本稿で引用した史料を含め、『平成三〇年度 京都府域の文化資源に関する共同研究会報告書（洛西編）』（京都府立京都学・歴彩館、二〇一九年）収録拙稿「木島神社の歴史―木島神社・神服氏関係史料集成―」において関連史料一七一点を紹介し、解題を付している。参照いただきたい。

コラム４

洛西と王権
—大原野社の位置付けから—

中野渡 俊治

洛西の山城国乙訓《おとくに》郡に鎮座する大原野社は、創建に関する明確な史料はないものの、桓武天皇や藤原冬嗣が関わるとされ[1]、仁寿元（八五一）年を契機として、春日祭に準じて公祭の対象となったとされる。またその公祭化には、藤原良房の強い後押しがあり、良房の妹である藤原順子の御願であることや、良房の娘明子と文徳天皇との間に産まれた皇太子惟仁《これひと》親王（のちの清和天皇）の成長祈願が背景にあることが指摘されている（岡田荘司　一九九四）。では、なぜこの地に藤原氏に関係が深い社が置かれ、桓武天皇との関わりも生まれたのであろうか。

まず大原野の地は、桓武天皇の外戚との深い関係がある。桓武天皇の生母は高野新笠《たかののにいがさ》であり、その新笠の生母は土師真妹《はじのまいも》である。土師氏の本拠地は各地に点在するが、土師真妹が出た土師氏の居住地は、乙訓郡大枝郷一帯であったとされる（井上満郎　二〇〇六）。したがって、大原野付近の地は、早くから桓武天皇と関係が深かったことになる。またこの一帯は渡来人系氏族の本拠地が多いことでも知られる。桓武天皇は、高野新笠が渡来人系氏族出身ということもあって、高野新笠の出身氏族の和氏一族や、百済王《くだらのこにきし》氏を優遇していた。

ここで、大原野社の藤原冬嗣勧請という伝承を改めて見直してみたい。桓武天皇の後宮の一人に、百済永継がい

『都名所図会』「大原野社」（京都学・歴彩館 京の記憶アーカイブ）

る。彼女は当初藤原北家の藤原内麻呂と結婚して真夏・冬嗣の生母となったのち桓武天皇の後宮に入った。渡来系氏族の飛鳥部奈止麻呂《あすかべのなとまろ》を父とする永継が百済姓を称したことや、永継が桓武天皇の後宮に入ったことには、桓武天皇との関係が深い尚侍百済王明信の関与を想定する指摘がある（瀧浪貞子　二〇一七）。藤原内麻呂は百済永継・百済王明信を通じて桓武天皇との関係を持ち、それは内麻呂の昇進にもつながった。その内麻呂の子が冬嗣である。桓武天皇期は藤原式家がキサキを多く出していたのが、冬嗣以降、北家が主要なキサキを独占するようになっていく。こうした中で、キサキを介した王権とのつながりを求めた藤原北家が、桓武天皇後宮ゆかりの地に藤原氏の氏神を勧請し、藤原氏の繁栄を求めたのではないだろうか。

　さらに、大原野の「大原」という地名は、藤原鎌足生誕地とされる大原（小原とも表記）の名とも関わる。(2) 藤原氏出身の光明皇后の娘でもある称徳天皇は、天平神護元（七六五）年の紀伊行幸に際して、わざわざ飛鳥の大原にも立ち寄っている（『続日本紀』天平神護元年十月壬申条）。大原に行幸したことは称徳天皇の血統意識に関わることとも思われ、大原が藤原氏と関係が深い地であるということになろう。そして山城国乙訓郡の大原野も、地名の点からいって藤原氏にとってゆかりの地であったといえ、藤原氏の氏神である春日社を勧請するにはふさわしい場所ということになる。

　大原野社の一帯は、そもそもこの周辺に長岡京が造営されたことにもみられるように、桓武天皇との関係が深く、その生母やキサキたちとも関わる地であった。また藤原北家の内麻呂は渡来人系氏族の存在を介して桓武天皇との関係を固め、さらに冬嗣以降、代々の天皇と外戚関係で結びつくことによって、その地位を確立していった。このようなことから、大原野社周辺の地は、キサキを通じて藤原氏が王権とつながることを物語る場となっていったのであろう。

【注】

（1）『大鏡』裏書「藤氏社事」には「大原野社　長岡帝都之時祝レ之。文徳天皇仁寿元年二月二日始二大原野祭一」とある。また中世に卜部氏が家伝をまとめた『神祇正宗』には「五日十四日大原野大明神。春日大明神。人皇五十四代仁明天皇御宇嘉祥三年。為二王城守護一。閑院左府冬嗣公申二沙汰一勧二請之一」とあり、嘉祥三年（八五〇）に閑院左府（藤原冬嗣）が勧請したとする。

（2）この地は現在の高市郡明日香村大字小原にあたる。『藤氏家伝』上　鎌足伝に「生二於藤原之第一」とあり、また『多武峯縁起』に「生二於大和国高市郡大原藤原第一」とある。

参考文献

◎岡田莊司　一九八六「平安前期神社祭祀の公祭化・下」（『平安時代の国家と祭祀』続群書類従完成会、一九九四年所収）

◎井上満郎　二〇〇六『桓武天皇』ミネルヴァ書房

◎瀧浪貞子　二〇一七『藤原良房・基経』ミネルヴァ書房

Ⅱ 洛西の寺社

清涼寺をめぐる二つの宗派

村山 弘太郎

はじめに

京都市右京区の嵐山から嵯峨にかけては、多くの古刹《こさつ》が集中しており、渡月橋や竹林の道などとも相まって京都を代表する観光地として名高い。近年は押し寄せる観光客によるオーバーツーリズムも懸念され、特に渡月橋から天龍寺、竹林の道にかけては、桜や紅葉のシーズンになると毎日がお祭りのような人出でごった返している。しかしそのような喧騒からもほんの少し足を延ばせば、静寂の中にたたずむ寺社もいまだ残っている。清涼寺もその一つである。

五台山清涼寺は京都市右京区嵯峨釈迦堂藤ノ木町四六に所在する浄土宗の寺院である。「嵯峨釈迦堂」という通称でも親しまれ、信仰の中心となる本尊、国宝の木像釈迦如来立像は異国情緒あふれる風貌で、一般的にイメージされる日本の仏像とは趣が異なっている。それは本像がインド・中国・日本を渡った「三国伝来の釈迦像」だからである。

一〇世紀初頭、東大寺の僧である奝然《ちょうねん》が入宋した際に、五台山で釈迦生前の姿を写したとされる栴檀《せんだん》の香木で作られた釈迦像に出会った。その像を摸刻して請《しょう》来《らい》したものが本像である。この釈迦像の形式は清凉寺式釈迦如来像と呼ばれ、その模刻像が宇治の三室戸寺や奈良の西大寺など、全国におよそ百点が残されている。

その建立の昔より、貴賤を問わず多くの信仰を得て人々に親しまれてきた清凉寺ではあるが、寺院の内部においては中世末期から近世にかけて浄土宗と真言宗の二つの宗派が、清凉寺一山の支配権をめぐり争論を繰り返していた。そこではどのような対立が、どのような論理で繰り広げられていたのであろうか。本章ではいくつかの争論を概観することで双方の論理を明らかにして、対立の本質的な原因を探りたい。

（図 1）清凉寺本堂（筆者撮影）

清涼寺の歴史

●二つの起源

清涼寺の歴史を考える際、棲霞寺《せいか》と清涼寺、二つの寺院の関係について検討しなければならない。

棲霞寺は、嵯峨天皇の皇子である源融《みなもとのとおる》の山荘「棲霞観」が、融の死後に寺院化したものである。融は生前に「阿弥陀像を造立したい」と発願したものの果たせなかった。その父の遺志を継いだ子らが、阿弥陀像および脇侍の観音菩薩・勢至菩薩を造り、それらを安置するための阿弥陀堂を建立して、寛平八（八九六）年に父の一周忌の法事を勤めた。この阿弥陀堂がその起源である（塚本善隆 一九五五）。現在でも源融との関係を伝えるものとして境内には源融の墓といわれる石塔が残され、また阿弥陀三尊像も国宝に指定され、阿弥陀堂

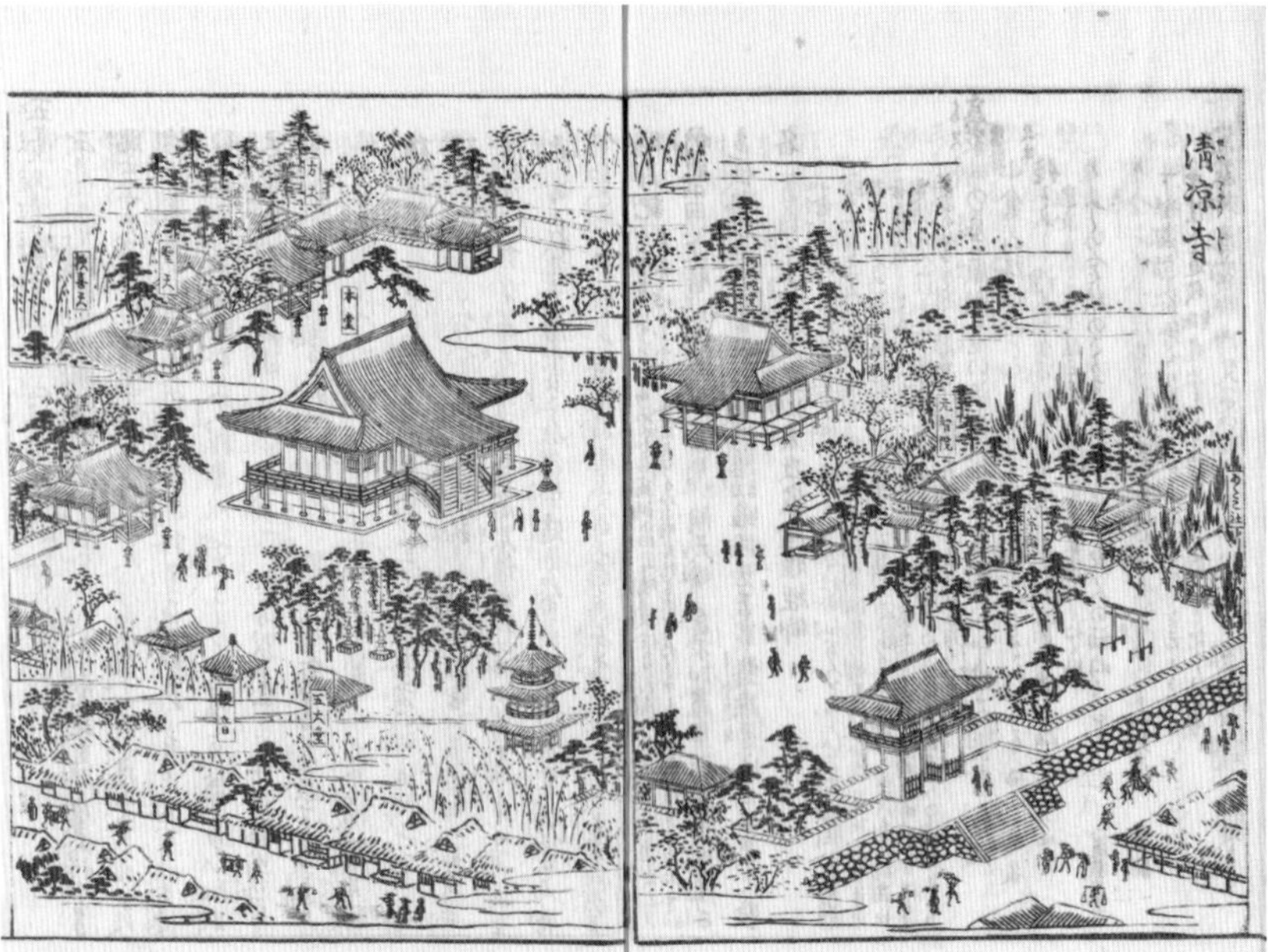

（図２）『都名所図会』「清凉寺」（京都学・歴彩館 京の記憶アーカイブ）

旧本尊として霊宝館に安置されている。

対して清凉寺は、先にみた奝然が宋から請来した釈迦像を奉安する場として、永延元（九八七）年、愛宕山を中国の五台山になぞらえた大清凉寺の建立を目指したものの、生前には成就することができなかった。そこで弟子の盛算《じょうさん》が奝然の遺志を継いで棲霞寺内の釈迦堂に釈迦像を安置し、五台山清凉寺と号することを勅許され、清凉寺の歴史が始まる（塚本善隆 一九五四）。

当初は棲霞寺に軒先を借りた状態の清凉寺であったが、釈迦如来像への信仰が高まるにつれて、平安時代末期から鎌倉時代初期にかけて、その立場は逆転していった。釈迦如来像信仰が中心であったことから、特定の宗派に偏ることのない性格を有していたのだが、浄土信仰普及の下に、嵯峨一帯に隠遁していた聖《ひじり》たちの宗教活動の拠点となっていった（水野恭一郎・中井真孝編 一九八〇）。

●清凉寺の内部構造

中世末期から近世初期にかけての清凉寺内部には、真言宗系と浄土宗系、二宗派の小寺院、つまり子院が併存していた。すなわち真言僧の子院である明王院、地蔵院、歓喜院、宝泉院、宝性院の五か寺と、浄土宗系の子院である多寶院、看松庵、蓮池院、善導寺および棲霞寺の五か寺である（塚本俊孝 一九五五）。

このうち真言宗の子院は自らを法会《ほうえ》や祈祷、学問などに専念する僧侶を意味する「学侶《がくりょ》」と称しながら、近隣の真言宗門跡寺院である大覚寺から補任《ぶにん》された目代《もくだい》の監督のもとで、清凉寺の日々の祈祷や行事などの諸寺務を執り行っていたとみられている。五か寺の間には強固な上下関係はなく、輪番で諸寺務を勤めるというフラットなもので、住持や方丈といった特定の代表者は存在しなかった。そして彼らの意思や意見が清凉寺一山の意思や意見として理解されていたと考えられている。

これに対して浄土宗の子院は一般的に補佐的な役割を担当する大寺内の小寺院を意味する「寺中」と称し、学侶である真言宗子院の下位に位置付けられており、近世初頭以降建立されていったとされる。このような清凉寺と大覚寺の関係は、一五世紀にはすでに確認されており、その頃から清凉寺の真言僧の子院は目代のもとで寺務を執り行っていたと考えられる（村上紀夫 二〇〇三）。

●浄土宗的色彩の増加

このように、どちらかといえば真言宗色の強い清凉寺に浄土宗の色彩が加わるのは、戦災や自然災害のためいくども被災した伽藍の復興に、浄土系念仏者が勧進聖《かんじんひじり》として関与し、復興のための資材調達をしたことによる。勧進とは元来、衆生救済のために仏教に励むことが功徳《くどく》になることを各地を遍歴しながら直接民衆へと説いて回り、仏道への入門を勧める布教活動であったが、後には堂塔や仏像の建立・修復、または再建などへの協力を善行であるとして寄付を集める行為を指すようになった。それを行う僧侶を勧進僧や勧進上人、そして勧進聖などと称していた。

勧進聖は「本願」と称して棲霞寺に入り、やがては寺中に列することになった。特に戦国時代の伽藍復興では、本願である堯淳の活躍が目覚ましく、功績が認められ後奈良天皇からの綸旨も賜ったほどである。この功績を背景としながら清凉寺一山の経済も堯淳が掌握するようになり、弟子の堯海もその跡を継いで、次第に清凉寺内部での本願の影響力を拡大していった（村上紀夫 二〇〇三）。

清凉寺に定着した当初の本願は、大覚寺からは勧進などを中心に司る、普段は香花や灯明を備え、堂内の掃除などを申し付ける役儀であると認識されていた。また真言宗子院も本願の位置付けを同様に認識しながら、本願とは「寺中の役者」、つまり清凉寺一山全体の諸役に従事する役僧であり、式日には学侶である真言宗子院の末席に位置する存在であるととらえられていた（村上紀夫 二〇〇三）。

五代目の本願として公家の五条家から堯鎮という貴種を迎えたが、堯鎮が幼少であったこともあり、それを補佐するために看松庵など浄土宗子院が「清凉寺役者」として本願の運営を補助した。これら浄土宗子院へは本願の弟子が入っていたとみられている。こうして清凉寺内での浄土宗の内部組織が整うと、本願は自らを「方丈」と称し、看松庵などの浄土宗子院を本願自らの「寺中」と称すようになった（村上紀夫 二〇〇三）。

●対立する真言と浄土

堯淳とその弟子堯海は、自らを「釈迦堂本願」「清凉寺本願」と称して勧進活動を行っていたが、その内容に目を向けると法華経の千部・万部供養が中心であった。しかし次の堯仙からは浄土宗色の強い「四十八夜別時念仏」を執り行うことになり、ここに及んで清凉寺内で本願と真言宗子院との対立が始まる。

最も対立が先鋭化したのは慶長元（一五九六）年の慶長伏見地震で受けた被害からの復興をめぐる争論である。この争論は三人の真言僧の追放を幕府が命じることで一時は終息するものの、寛永一四（一六三七）年に火災による被害を受け、そこからの復興を契機に争論が再燃する。しかもこのときには大覚寺が乗り出すことで事態は長期化し、元禄一六（一七〇三）年に徳川綱吉の生母・桂昌院の寄進で釈迦堂が落成した後の、宝永三（一七〇六）年に寺社奉行が裁許するまで決着することがなかった（水野恭一郎・中井真孝編 一九八〇）。

宝永三年の裁許において、清凉寺は「大覚寺御門跡御寺務」と、大覚寺門跡が統括者であること、涅槃《ねはん》会、誕生会、大念仏会の賽銭は大覚寺から補任された目代《もくだい》が、残りは本願が取ること、枝木倒木の処分については本願の支配であることが確認された。さらに釈迦堂に設置された密教立の法要で使用する「大壇」は、本願が執行する五度の法要の際には断りなく撤去することが認められ、真言僧はその使用自体が禁止された（村上紀夫 二〇〇三）。

この裁許以後、本願が勧進による募財能力などの経済力を背景としながら寺院運営の実権を握り、真言宗子院を圧倒していったと従来の研究ではされてきた（水野恭一郎・中井真孝編 一九八〇）。たしかに清凉寺内の真言宗子院はその力を弱めたのであるが、中世後期以降、目代を補任し、宝永三年の裁許では「寺務」としての地位を獲得した大覚寺門跡や、大覚寺門跡を後ろ盾とした真言宗子院は、まったく無力化したわけではなかった。清凉寺本願と大覚寺門跡や真言僧子院との争論は、宝永三年以後もたびたび繰り返されていたのである。

本願と大覚寺門跡の対立

●繰り返される争論

前述したとおり、度重なる罹災《りさい》からの伽藍復興の過程において、浄土系の本願が清凉寺内部でその存在感を拡大していき、真言宗子院との対立が深刻化していった。その矛盾が頂点に達したのが慶長伏見地震からの復興での対立であり、それ以後も複数回の争論を繰り広げ、宝永三年の幕府による裁許で収束を迎え、浄土系の本願による清凉寺一山支配が確立されたと考えられている。

しかし、実際には宝永三年以後も本願と大覚寺門跡との間での争論は繰り返されていた。それは清凉寺内の真言宗子院とその背後にいる大覚寺門跡が、清凉寺一山の運営権・支配権を取り戻すための争論であると評価すべきであろうが、そこにはどのような論理があったのだろうか。

その双方の論理を探るために、ここからは宝永三年の裁許以後の争論を取り上げ、本願と大覚寺門跡との間の争論の論点を整理したい（表1）。

●延享二年の争論

延享二（一七四五）年、寺院本末改に際して本願から帳面を奉行所へと提

（表1）本願と真言寺僧・大覚寺との争論（京都市歴史資料館架蔵「清凉寺文書」写真版C3、C39を中心に作成）

和暦	西暦	争論内容
慶長2	1597	慶長地震の復興の為、「四十八夜別時念仏執行」の際、「念仏之障」を申しかけた真言寺僧と出入 ⇒徳善院・前田玄以による裁許
慶長14	1609	「四十八夜別時念仏執行」の際、「色々障りを申掛」た真言寺僧と出入 ⇒板倉伊賀守（勝重）を通し、家康による裁許
慶長16	1611	「無謂義」を申しかけられ、真言寺僧と出入 ⇒池坊・中坊・地蔵院の真言寺僧追放
寛永3	1626	公方上洛、二条城での御礼申上の際、拝領物を真言寺僧が「かすめ」取る ⇒真言寺僧は御城北矢蔵に百日押し込め
寛永14	1637	伽藍焼失につき、釈迦如来像を大覚寺持仏堂へ遷座。宝前の散銭を真言寺僧が取ることで出入 ⇒板倉周防守重宗の裁許により、散銭は勘定の上本願側が取ることに
明暦3	1657	堯鑑遷化の後、堯鎮幼少の内に、大覚寺門跡が釈迦如来像厨子に封印をする ⇒家康の証文を牧野佐渡守に提出し、「先規之通」の裁許
天和2	1682	大覚寺が二王門石壇上に「町並之制札」設置を企てる ⇒京都所司代稲葉丹後守正往から「寺法如先規」の裁許
元禄3	1690	本願が真言寺僧から「無謂義共」（謂われなきこと）申しかけられる ⇒所司代から、いまさら僉議には及ばないと「先規之通」の裁許
元禄6	1693	本堂建立許可を大覚寺門跡から最初に取る必要があると坊官から奉行所へ願出る ⇒「住持勝手次第」の裁許
元禄7	1694	大覚寺坊官から本堂地形が愛宕神事の神馬道にあたると申しかけられる ⇒元禄10年、「先規之通」の裁許
宝永3	1706	真言寺僧と本願の分掌について裁許 ⇒清凉寺内での真言寺僧の権力が弱体化
延享2	1745	寺院本末改の記載内容について対立 ⇒大覚寺門跡側からの「御不審」に、本願側は逐一回答
明和9	1772	増上寺において大覚寺坊官から本願は、釈尊厨子の鍵や什宝・什物帳面などを渡すように命じられる ⇒寺社奉行・土岐定経から沙汰あるまで本願側で守護するように命じられる
安永5	1776	石灯篭に「清凉寺」と銘を入れたことを発端に争論発生。寺号、命令系統、法礼での作法、法具拝領などについて争論が展開

出しようとしたところ、大覚寺門跡側から「下帳」を作成して奉行所へと提出することを通知された。それに対して本願は、大覚寺門跡からの指図を受けることはこれまでになかったと、大覚寺門跡側に断りを入れたうえでそのまま帳面を奉行所へと提出したのだが、本願側から独自に提出された帳面は大覚寺門跡側の目にも触れることになったようで、その帳面に対して大覚寺門跡から詰問がなされた（清凉寺文書）。その内容から大覚寺門跡が何を重要視していたのかが明らかになってくる。

まず大覚寺門跡が指摘したのは「寺務」についてである。先にみたように宝永三年の裁許で清凉寺の寺務は大覚寺門跡が司ることが確認されているのだが、本願が奉行所へと提出した帳面にはその記載がなかったことから、その理由を問うている。大覚寺門跡としては自らの清凉寺における位置付け、つまり寺務執行代表者であることが正式な文書の中で明示されないことは、大覚寺門跡の清凉寺に対する影響力の曖昧化をも招くことになる可能性を恐れてのことであろう。この質問に対して本願は「帳面に記載がなかったとしても、大覚寺門跡が清凉寺の寺務であることは明らかである」と説明している。本願としては裁許されたことであることから大覚寺門跡を寺務として認めざるを得ないが、その事実を積極的に外に向けて示すつもりはなかったのではなかろうか。

また「役者看松庵」と署名していることについて、これではまるで看松庵が一山の役者のようにみえるが、清凉寺には役者という存在はいないと大覚寺門跡は指摘する。これに対し本願は「浄土宗清凉寺方」には以前から役者を置いており、公儀からも何かある場合は役者が呼び出されてきているために署名をしたのだと回答している。

これらの点から、大覚寺門跡と本願との間の、清凉寺一山支配の在り方についての認識の齟齬《そご》を読み取ることができる。大覚寺門跡は、自らが清凉寺の「寺務」であり、その中では先にみたように「目代」や真言宗子院である「学侶」などは置くが、「役者」は置いていないという認識のため、本願の作成した帳面の内容を受け入れることができなかったのである。

しかし本願は、大覚寺門跡を「寺務」としては認めるものの、実際の寺院運営は本願の管理下に置いていることから、清涼寺の運営の在り方の実態を書き記し、本願の存在をアピールしたのであろう。

さらに問題になるのは、清涼寺一山に二宗派が併存するという、その状態である。本願の作成したものには「浄土宗無本寺、山城国葛野郡嵯峨五台山清涼寺」とあり、これではまるで清涼寺一山が浄土宗のようにみえると、大覚寺門跡は苦言を呈している。これに対し本願は、「本願側と真言宗子院が作成したもの二つがあるのに、本願側が作成したものだけをみると当然一山が浄土宗のようにみえる、逆に真言宗子院が作成したものだけをみれば一山が真言宗にみえるではないか」と反論した。また同時に「浄土宗無本寺」と書いたことは今回が初めてのことではなく、浄土宗として江戸の増上寺の支配下にあり、「御朱印御改、御代替御礼、或者《あるいは》住持継目御礼等」の際には増上寺からの指図を受けて勤めてきていること、さらには寺社奉行から「清涼寺為浄土宗之旨」が明示された書付を下し置かれていることなどと主張している。これらの主張からは、本願が既成事実を積み重ねようとしたことを読み取ることができる。特に注目したいのは御朱印改め、将軍の御代替わり御礼、住持継目御礼への言及である。いずれもが寺院にとって権力者、つまりは徳川幕府との関係において最重要な事柄であるが、それを浄土宗である本願が担っていることを表明しているのである。

●清涼寺の代表者

延享二年の争論で大覚寺門跡が特に問題視したのは住持という表現についてである。本願側が提出したものに「清凉寺の住持のようにみえる」と書き記されていることに対して、大覚寺門跡は「清凉寺堯弁」と指摘している。この点に関しては本願も負けてはおらず、「以前から清凉寺誰と書き記していたにもかかわらず、今さら問題視されても迷惑」であるとしながら、そもそも本願を清凉寺住持であると認めているのは「天下の御公儀様」であると断言する。

このように本願が断言するのには理由があった。本願は徳川幕府など権力者との関係構築に努力を惜しんでいなかったのである。本願は住持交代の際には京都町奉行所で許可を受け、また住持の継目の御礼は毎回、将軍に向けて行ってきていた。そのやり取りの中で自らの位置をアピールし続けるという不断の努力の結果、住持と称しているのは私的なものではなく「天下の御公儀様」から公認されているものだ、といってのけることを可能にしたのである。

●清凉寺の由緒

また大覚寺門跡は本願が作成した清凉寺の由緒についても疑問を呈している。清凉寺の開山について奝然としているが、奝然は伽藍を建立し、釈迦如来像を安置しただけの存在であり、開山は弘法大師であると大覚寺門跡は指摘する。それに対して本願は、奝然に対する大覚寺門跡からの評価が不当に低いことに、本願はもちろん奝然も心を痛めていると反論し、提出した由緒は「五台山清凉寺」のものであるから、弘法大師を開山とするのは無理があること、そもそも由緒の典拠は青蓮院宮尊応准后の染筆《せんぴつ》で、徳川将軍にも代々御覧いただいている「釈迦堂縁起」であるから、もし疑問に思うのであればその撰者に尋ねてほしいと切り返した。

●清涼寺一山の宗派

この延享二年の寺院本末改帳をめぐる本願と大覚寺門跡のやりとりから、双方が何を問題としていたのか、何を目指していたのかがみえてくる。それは一面的には清涼寺一山支配の主導権であり、宝暦三(一七五三)年の裁許で勢力が縮小した真言宗子院の勢力回復を目指す大覚寺と、現状の維持・拡大を目指す本願という構図ではある。しかしもう一方では清涼寺一山の宗派であったと考えることも可能であろう。

中世末期以来、真言宗子院が輪番で運営する、真言宗色の強い寺院であった清涼寺ではあるが、伽藍復興のために浄土系の本願が入り込み、経済力を背景としてその影響力を拡大しながら、清涼寺一山が浄土宗色の強い寺院となることを、古くから目代を補任して「寺務」としての裁許も受けた大覚寺門跡としては見過ごすことができなかったのである。

そして本願も、堯仙から始まる伽藍復興の功労者としての自負があり、浄土宗が主導する清涼寺一山という姿を目指していたのである。

本願と権力者

●権力者との関係構築

宝永三年の裁許後も、本願の清涼寺内における地位は確定したものではなかった。争う相手が大覚寺門跡であればなおさらのことであったのだろう。そのため本願は、自らの地位を安定させるためにも、外部の社会的な権力との結びつきを強化することにより、その保証を得ようとしていた。その一つが、先にみた住持相続や継目のたびに奉行所や幕府に対して繰り返した御目見だったと考えられる。この努力により延宝二年の争論では、本願が住持であることを保証する存在が「天下之御公儀様」であると、堂々といってのけることが可能になった。

このような外部の権力との関係構築の一つに、釈迦如来像を媒介として行われた、法具類をはじめとする諸道具の拝領がある。拝領品の中でも特に重要なのが「葵御紋」が付けられた物品であるのだが、それらは江戸での出開帳をきっかけに拝領していたと考えられる。

●出開帳

出開帳とは、本尊や秘仏を諸々の宝物類とともに、本拠とする寺院から他の場所に運び開帳する行為である。江戸時代には都市部を中心に各地で盛んに行われ、特に江戸の回向院《えこう》での開帳には多くの人々が参拝に訪れた（図3）。江戸の住人たちにとって、わざわざ遠隔地まで足を運ばなくとも、全国各地の霊仏と結縁《けちえん》の機会を得ることができるということもあり非常に人気が高く、開帳期間中には参拝客を目当てとした見世物小屋や飲食店が周辺に林立するなど、まるでお祭りのような状態であった（比留間尚 一九八〇）。出開帳を実施する寺院にとっても、遠隔地での教線拡大・信者獲得を期待することができるだけではなく、参拝者からの奉納品や賽銭など経済的な効果も期待することができた。

当時、江戸で人気のあった出開帳は、善光寺阿弥陀如来と成田山不動尊、そして清凉寺の釈迦如来像であった。従来の研究では、清凉寺が江戸出開帳を繰り返したのは、その収益が目的であったと指摘されているが、はたして金銭目的のためだけに、わざわざ江戸まで出向いていたのであろうか。

●清涼寺釈迦如来像の江戸城登城

清涼寺が江戸で出開帳を実施する際には、一般への開帳が終了してから、江戸城へと登城して、将軍家をはじめとした武家への開帳も恒例として行っていた（塚本俊孝　一九五八）。この江戸城での開帳を契機として、将軍家はじめ武家からも信仰を集めることになり、その証として様々な物品の奉納があったと思われる。それらのうち葵御紋の付いたものは幕府からの葵御紋改、つまり葵御紋付物品の調査が定期的に行われるために、その拝領由緒が判明する。表2は明和六（一七六九）年の葵御紋改の際に作成された書上を元に作成したものであるが、元禄一四（一七〇一）年を除き、いずれも江戸出開帳の開催年に当たっている。元禄一四年の拝領についても、前年の江戸出開帳に伴う追加での拝領ととらえることもできる。江戸出開帳を繰り返した背景

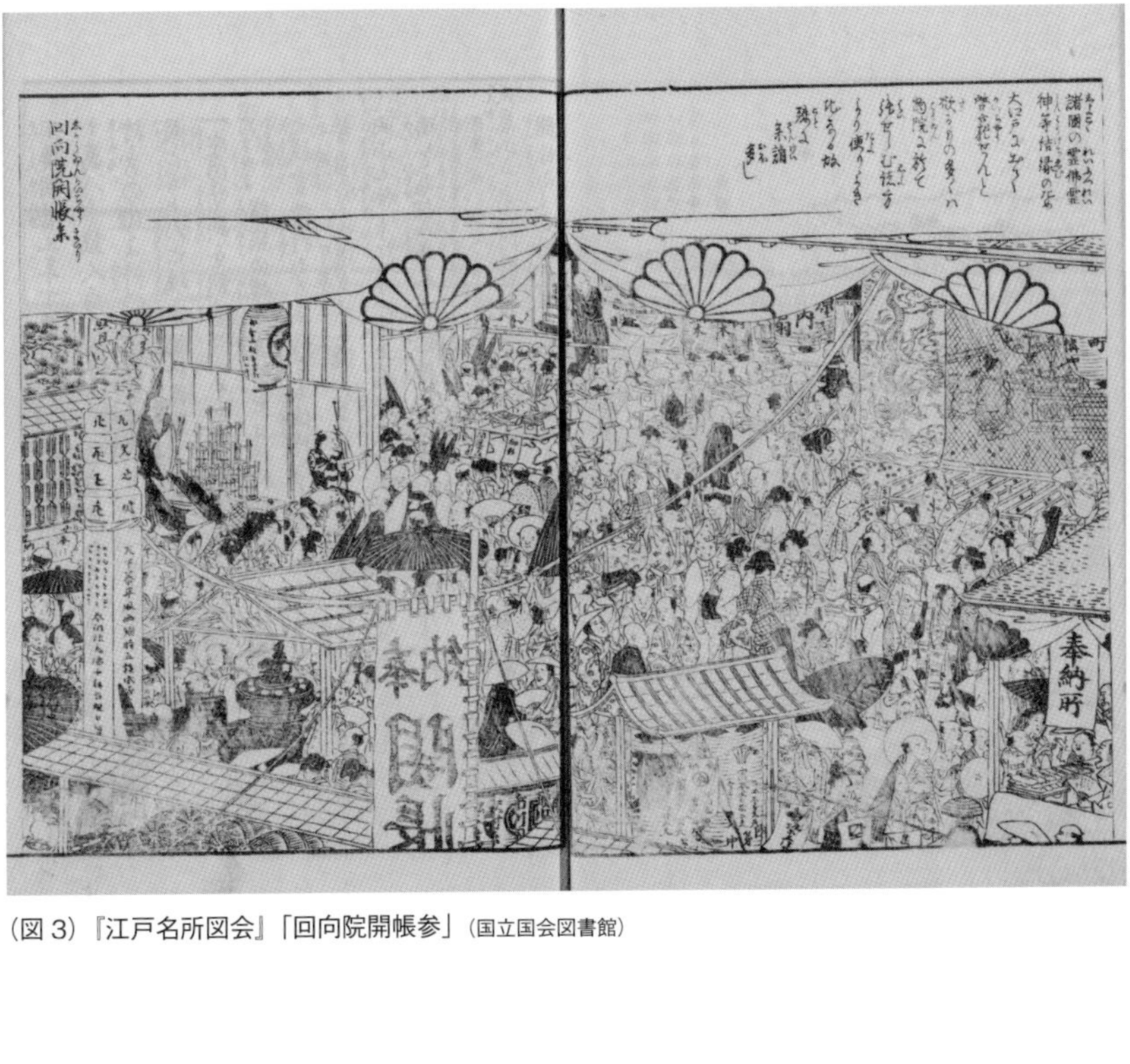

（図3）『江戸名所図会』「回向院開帳参」（国立国会図書館）

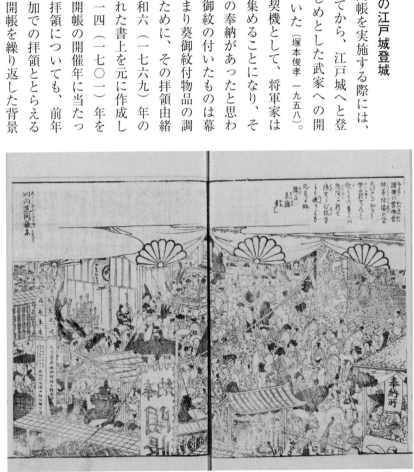

には、このような将軍家や武家などとの関係構築も目的としてあったと考えてよいだろう。そして、江戸をはじめとした各地での出開帳と、拝領品である葵御紋付物品の管理は、本願によって行われていたのである。

●菊御紋付道具の拝領

本願が関係を取り結ぼうとしたのは徳川将軍家だけではなかった。嵯峨という地において、すぐ目の前に存在する社会的な権力である禁裏御所との関係構築も目指していた。対立する大覚寺が門跡である限り、その影響から逃れるためには、本願も独自に禁裏御所との関係を結ぶことは必要不可欠であった。

禁裏御所から寄付品を

（表2）　御紋付道具拝領一覧（京都市歴史資料館架蔵「清凉寺文書」写真版を中心に作成）

和暦	西暦	月日	寄附品	寄附者
元禄 13	1700	4 月	金灯篭壱対	鶴姫
		7 月	本尊厨子	桂昌院
		8 月	幡八流	桂昌院
		9 月	天蓋	鶴姫
		9 月	打敷	鶴姫
		9 月	幢幡	鶴姫
元禄 14	1701	12 月	緋縮緬幕弐張、長持入	鶴姫
		12 月	提灯弐張	鶴姫
享保 18	1733	5 月	打敷	月光院
		6 月	打敷	月光院
		6 月	打敷	天英院
		6 月	緋縮緬幕弐張	尾州様
		6 月	打敷	尾州様
			縁起之箱	鶴姫
			縁起六巻表紙	月光院
			融通念仏縁起二巻表紙	月光院
			嵯峨切レ之箱	尾州清姫
明和 7	1770	8 月 22 日	唐織三方戸張	心観院
		8 月 26 日	打敷	浄巌院

拝領するためには、仲介者を通じて寄付願を提出することが当時の一般的な方法であった。しかし清涼寺の寺務としての立場が確認され、禁裏御所との直接的な関係を持つ大覚寺門跡がいたとしても、禁裏御所向きの仲介をそこに依頼することは、本願にはできなかった。仲介という行為を通して大覚寺門跡と本願との間に上下関係が確定するためである。

本願はかねてから大覚寺門跡を介さない禁裏御所とのやりとりのために、万里小路《までのこうじ》家を「寺家伝奏」として仕立て上げ、また堯鎮以後、可能な限り貴種から本願を迎え入れることを目指していたのであるが（村上紀夫 二〇〇三）、このルートを通して菊御紋付道具の拝領に乗り出した。

●拝領までの長い道

明和元（一七六四）年、本願は菊御紋の付いた幕と提灯の拝領を目指した（清涼寺文書）。このとき、はじめに相談をしたのは堂上公家の池尻家であった。当時の本願、堯雲が池尻家出身であったためであろう（清涼寺文書）。

六月八日に寄付願書案を池尻家に預けて以降、同月二六日にようやく願書案に加筆したものが返却され、二八日に万里小路家へと提出するように指示を受けた。池尻家と万里小路家との間で調整などがなされたのかもしれないが、およそ二〇日間もの日数がかかったのである。この間、本願の配下である看松庵や善導寺がたびたび池尻家を訪れているが、成果なく帰ってくる心境はいかほどのものだったろうか。

指示通り、六月二八日に万里小路家へと願書を持参したところ、すでに月末であることから七月二日に提出するようにと指示を受け、さらに願書への加筆修正を求められた。改めて七月二日に、今度は本願とともに提出に向かうと、ようやく万里小路家に願書を受け取ってもらうことができた。

その後、万里小路家から禁裏御所の関係部署へと願書は提出されたのだが、願書の書き直しや、願書に使用する料紙の変更指示を受けるなど何度かの指示があった後は、再び音沙汰がなくなり、ようやく八月三日に万里小路家が御所から召喚があったとの連絡を受けた。翌四日に召喚の際の様子をうかがいに本願の役者が万里小路家へと参上したところ、「諸寺での前例の有無について尋ねられたので、御所からの寄付が確定するのも近いのではないか」という期待が持てる回答を得た。

しかし一二日になっても進展がなかったが、万里小路家から「一七日は霊元院様の御年忌であるから、その追善のためにも寄付があるのではないかと思われる」と、またまた期待できる話題が出された。だが事態はそこで停止し、九月を迎えることとなる。

九月は宮中行事が重なっていることから、寄付の御沙汰は難しいかもしれないという万里小路家からの連絡に落胆するが、一九日に急進展する。翌二〇日に万里小路家とともに御所奏者所へと出頭するようにとの連絡があったのである。

二〇日、万里小路家に伴われ本願が御所奏者所へと参上すると、寄付願が認められたことを伝えられた。このときの寄付は御紋付提灯のみで、御紋付幕の寄付はなかったものの、待ちに待った寄付が実現したのである。

禁裏御所からの寄付が決定した後、大覚寺への拝領事実の連絡や、京都町奉行への届け出、万里小路家をはじめとする寄付願に関わった人々への御礼など、すべての処理が終わるのが同年一二月二日のことであった。

寄付願の願書案作成からおよそ半年、日常化する万里小路家への進捗状況確認や、関係者への御礼など、禁裏御所からの菊御紋付道具の拝領は、煩わしいだけではなく、人的、金銭的な負担が多大なものであった。それでも本願は、大覚寺門跡を介さない禁裏御所との直接の関係を取り結ぶためにも、それを成就させなければならず、そして成功したのである。

●御紋付道具拝領の意味

葵御紋にせよ菊御紋にせよ、それらを掲示することは自己の権威化であるととらえることができる。つまり自己の権威を外部の権力との関係により担保することでアピールしていたのである。言い換えるのであれば、現代的な意味で権力者からの「お墨付き」を獲得することにより、他の寺院との差別化を図ったと評価することができる。

だが清凉寺は、その本尊である釈迦如来像への信仰から、すでに平安時代末期には著名な寺院であった。また江戸時代には出開帳を繰り返すことでその存在は全国の人々に知られるところとなっており、特に江戸出開帳での人気は非常に高いものであった。そのような清凉寺が葵御紋、菊御紋の使用によってさらなる権威化を目指す必要があったのは、徳川幕府や禁裏御所に対しての御目見や参内を繰り返したことと同様に、清凉寺内部における本願の地位保証を期待していたと考えるべきであろう。

安永五年の争論

●大覚寺門跡の抵抗

本願は徳川幕府、禁裏御所という二つの権力との直接的な関係の構築に成功したのだが、大覚寺門跡も、それを黙ってみていたわけではなかった。次に安永五（一七七六）年の争論を概観することで、大覚寺門跡の抵抗を確認したい（清涼寺文書）。

安永五年六月、石灯篭の寄進があり、その銘文に本願が「清涼寺恩誉典霊」と刻んだことで、大覚寺門跡との間で争論が勃発した。「清涼寺恩誉典霊」とだけ記しているのであれば、清涼寺住持のようにみえるため「目障り」であるから、「恩誉典霊」の上に「本願」の二字を加えるか、さもなければ取り崩すように大覚寺門跡から指示されたのである（清涼寺文書）。

本願と大覚寺門跡との間で相談の場が設けられたが埒《らち》が明かず、本願は大覚寺門跡から京都町奉行へと申し立てられ、召し出されることになった。そこでの本願の言い分は、「本願」という存在は寺を建立した「本人願主」である人の尊称であり、自称するのは自賛がましいというものであった。また清涼寺境内の建造物に対して大覚寺門跡から命令を受けることは古来からの格式に相違し、もし今回それを受けると、清涼寺が大覚寺の支配を受けることになると、かたくなに拒否した。

一旦、事態は収束したかのようにみえたが、大覚寺門跡側は清涼寺内での本願とその配下の位置付けを確認する書付を作成し、そこへの署名を迫ってきた。

書付は全七か条で、その内容は大覚寺門跡の使者への対応、開帳の際の対応、所司代や奉行所などへの対応、文書作成の際には署名に「本願」を必ず加えることなど、いずれも本願やその配下である浄土宗子院を、大覚寺門跡や真言僧子院より下位に位置付けようとするものであった。

当然本願としては受け入れることのできないものである。そのため署名や請印を拒否したのだが、京都町奉行から召し出され請印を求められた。しかも請印を承諾しない場合は、三日後から始まる京都の千本仏性寺での出開帳を差し止めるというのである。背後で大覚寺門跡側が動いていたのは確実であろう。それでも本願は大覚寺門跡から命令を受ける筋合いはないと断り続けたが、すでに開帳の連絡を遠方にまで届けていることもあり、突然の中止となれば信用を失うことにもつながりかねない。そのため、奉行所の説得もあり、致し方なく請印を差し出した。

●御紋付道具の管理

この書付に対する本願から請印を得ることで、大覚寺門跡側は本願およびその配下の子院に対する優位性を、文書として残すことに成功したのである。しかし大覚寺門跡側の清凉寺内部での権力奪還工作はこれで終わったわけではなかった。千本仏性寺での開帳が終了した後、新たな書付への請印を大覚寺門跡側が命じてきたのである。それは貴種から寄付を受ける場合には大覚寺門跡に伺い出ること、寄付を求める際に本願から直接仲介者を通して申請しないことを確認するものであった。つまり大覚寺門跡が本願および浄土宗子院に寄付される物品を管理しようとしたのである。

この書付で注目されるのは、再建費用として金銀などの寄付を受けることは構わない、としていることである。大覚寺門跡が管理しようとしたのは、それを使用することで広く一般に禁裏御所や徳川将軍家との関係を示すことができるような物品、特に御紋の付いた物品だったのであろう。本願が仲介者を通じて独自に寄付申請を行うことを制限しようとしたのも、すでにそれが実現していることから、それ以上の関係維持・強化の阻止の意図を読み取ることができる。

明治四年の争論

●再燃する住持争論

安永五年の争論はその後、千本仏性寺開帳終了後の大女院御所および新女院御所での「釈尊御拝」にも飛び火した。院参しての開帳に大覚寺門跡側が前例にはない付き人を出そうとしたのである。開帳に介入する糸口をつくり、いずれはその主導権を大覚寺門跡側が握ろうとしたのであろう。しかし本願は、院参当日にやってきた大覚寺門跡側から出された付き人をその場から排除することに成功し、大覚寺門跡側の企てを阻止することができた。権力者の前での開帳の主導権を維持したのである。不本意な請印などもあったが、院参という場において自らの存在を直接アピールできたという点においては、安永五年の争論でも本願が自らの地位を守ることができたと評することができる。

しかし、これで清凉寺内での地位の確立ができたわけではなかった。その後も江戸時代を通して本願と真言宗子院は小競り合いを繰り返して明治維新を迎えることとなる。最後に、新しい時代を迎えた直後に発生した、明治四（一八七一）年の争論を確認したい（清凉寺文書）。

発端は京都府へと提出する寺院明細帳であった。本願が前例に従い、浄土宗・真言宗、双方の明細帳を合帳して提出することを真言宗子院に伝えると、その書式を尋ねられたために下書きを提示した。すると真言宗子院が清凉寺とは一山の号であり、浄土宗子院にも真言宗子院にも冠するものであるにもかかわらず、本願が「清凉寺住職」を名乗るのは認められないと、これまでいく度となく繰り返された清凉寺住持問題を蒸し返したのである。

これに対して本願側は改めて本願が住持を名乗る理由を説明した。それは堯淳が荒廃した清凉寺を再興し、堯鎮が今に残る本堂を新築したこと、また代々の本願は住職を継いだ際に御礼参内をして綸旨を頂戴し、徳川幕府に対しても同様に御礼してきたこと、さらにはそこでの願書や毎年の宗旨改帳では本願が「清凉寺住持」と署名してきたことを根拠としながら、ここにきて急に本願が住持を名乗り始めたものではないというものであった。

この説明に真言宗子院は反論することができなかったが、やはり納得できないと独自に別帳を作成して京都府へと提出してしまった。

真言宗子院が寺院明細帳を提出した後に、本願側からも明細帳を提出したのであるが、京都府の役人から、どちらが「実正」なものであるのかと尋ねられ、真言宗子院が提出した帳面を渡された。内容をみると、それまでのものと相違する「自分勝手」なものであった。

また寺院明細帳とは別に「寺領取調帳」も真言宗子院からすでに提出されており、こちらも同様の問題が生じていた。別の京都府の役人から、真言宗子院と本願、どちらが「実《まこと》の清凉寺」なのかと質問されることになったのである。

本願側はこれに対して、本願が「清凉寺」であり、一山の公用は本願側が勤めてきたと回答した。そこで京都府の役人は真言宗子院を呼び出し、同じ質問をしたところ、真言宗子院は、清凉寺とは「一山之惣名」であり、「清凉寺住職」は存在せず、本願は清凉寺住職ではなく「棲霞寺の住職」であると回答してきた。それに本願は、いわれのないことであると反論し、本願が住持である理由を逐一説明したところ、京都府役人から、証拠となる資料を提出するように求められた。

本願側は早速書付を作成し京都府へと提出したのだが、それを見た京都府の役人から、清凉寺が一山の号であることはわかったが、本願が住職であることは理解しかねる。棲霞寺の住職ではないのかと、それまで本願が努力して守ってきた清凉寺内部での本願の位置付けを全否定されたのである。

この一件のやり取りの中で最も注目されるのは、真言宗子院が主張する本願の位置付けに対する本願の反論である。真言宗子院は従来の主張である、本願とは棲霞寺の住持を勤める「諸堂興隆役」であり、清凉寺には一山の住持が存在しないというものであるが、それに対して本願は「昔之儀申遣候」と、非難をしているのである。つまり本願は自らの出自をずっと認識していたのである。

この件の結末は不明であるが、いずれにしてもこれが真言僧子院の最後の抵抗であった。この後ほどなく、清凉寺内の真言僧子院は大覚寺へと吸収され、清凉寺はようやく完全な浄土宗寺院としての地位を確立することになった。

おわりに

本願と大覚寺門跡および真言宗子院との間で繰り広げられた長い戦いは、明治維新の際に寺格としての大覚寺門跡が廃止されたことにより支配力を失い、真言宗子院も大覚寺内の覚勝院に合併されることでようやく終わりを迎えることができた（水野恭一郎・中井真孝編 一九八〇）。清凉寺にとって江戸時代は、争論の時代であったといっても過言ではないだろう。

では、なぜ本願と大覚寺門跡や真言宗子院はこれほどまでに争論を繰り返す必要があったのだろうか。従来は開帳などによる収益を背景とした清凉寺一山の支配権をめぐる争いとして、経済的な側面から説明されてきた。確かに江戸時代にはすでに収益を期待する本願の姿がうわさされていたが、はたして本当に経済的な問題だけで説明をすることができるのだろうか。

繰り返される争論の論点は、突き詰めていくと常に、既成事実を積み重ねることで実質的な「住持」としての地位を確保しようとする本願と、外部にありながら「寺務」を司る大覚寺門跡という構図が存在する。

そのために大覚寺門跡および真言宗子院たちは、大覚寺門跡が寺務であることを強調し、清凉寺の外部に寺務がいるのであるから、清凉寺の内部の各子院はフラットな関係で、その中の誰かが住持として清凉寺を代表することはあり得ないという論理がある。しかし今一つ、大覚寺門跡や真言宗子院の注目すべき論理がある。それは真言宗寺院としての清凉寺の存続である。

大覚寺門跡や真言宗子院にとっての清凉寺は、「嵯峨天皇之御願」による「弘法大師」を開基とする寺であり、南都の僧侶と宗論し論破したという「八宗論之霊地」を有する「真言之道場」であり、そこではたとえ伽藍復興のためであったとしても「別時念仏」が行われることをだまってみているわけにはいかなかった。ゆえに本願の堯淳や堯海までは真言宗の修法を行わせていたものが、堯仙からはそれに従わなくなったと嘆いている。また寛永の火災で焼失した「真言家之仏具」も、徳川家光正室の本理院の寄付で再興できたにもかかわらず、本願が「投散」するので、法要を勤めるのに難儀していると訴え、八宗論池を埋め立てて本願の屋敷内に取り込んだと非難しながら、本願が清凉寺を「浄土地」のように振る舞うと糾弾しつつ、清凉寺は古来より「真言地」であると主張している（大覚寺史資料編纂室編 一九八〇）。つまり清凉寺の浄土宗化を阻止したいと考えていたのである。

本願や浄土宗子院がどこまで清凉寺の浄土宗化を目指していたのか、その明示的な史料は、今はまだみつからない。しかし「諸堂興隆役」として後から清凉寺へと入ったという歴史的事実を自覚し続けたうえで、寺務としての大覚寺門跡の影響力・支配力から離脱しようとした場合、清凉寺内から真言宗色を取り除く必要もあったのだろう。そのため、念仏を大々的に行って、真言宗の仏具を宝前から取り払い、弘法大師ゆかりの八宗論池を屋敷地内に取りこんだのではないだろうか。

本願および浄土宗子院と大覚寺門跡および真言宗子院は、それぞれの宗派と五台山清凉寺での歴史的な双方の立場を背負いながら、清凉寺の主導権を争っていたのである。両者の間での争論の根底には、浄土宗と真言宗としての、それぞれの清凉寺に対する由緒の衝突が存在したのである。

参考文献

◎大覚寺史資料編纂室編　一九八〇『大覚寺文書』上巻　大覚寺
◎塚本俊孝　一九五五「嵯峨清凉寺に於ける浄土宗鎮西流の傳入とその展開—清凉寺史近世篇—」『仏教文化研究』五
◎塚本俊孝　一九五八「嵯峨釈迦仏の江戸出開帳について」『仏教文化研究』六・七
◎塚本善隆　一九五四「清凉寺釈迦像封蔵の東大寺奝然の朱印立誓書」『仏教文化研究』四
◎塚本善隆　一九五五「嵯峨清凉寺史　平安朝篇—棲霞清凉二寺盛衰考—」『仏教文化研究』五
◎比留間尚　一九八〇『江戸の開帳』吉川弘文館
◎水野恭一郎・中井真孝編　一九八〇『浄土宗寺院文書』同朋舎出版
◎村上紀夫　二〇〇三「中近世の一山寺院と本願—嵯峨釈迦堂清凉寺をめぐって—」『新しい歴史学のために』二四九
二〇〇二年度　第二号

【資料】

◎　京都市歴史資料館架蔵「清涼寺文書」写真版C三、C三三、C三四、C五六、C七一。

Ⅱ　洛西の寺社

コラム5

松尾大社と菊御紋

村山　弘太郎

酒造の神としても著名な松尾大社は、嵐山にほど近い松尾山の麓に鎮座する。祭神は大山咋神《おおやまくいのかみ》と市杵島姫命《いちきしまひめのみこと》で、『延喜式』「神名帳」にも「松尾神社二座」とみえる。その歴史は古く、すでに『古事記』には祭神の一柱、大山咋神が葛野の松尾に坐《いま》すとある。

平安京遷都後は上賀茂神社・下鴨神社とともに平安京鎮護の神として東の賀茂、西の松尾と並び称されて尊崇され、多くの天皇の行幸を受けた。賀茂社とは伝承や祭祀の共通性も多く、特に五月に執行される松尾祭の還幸祭では本殿や社殿、神輿、供奉の人々も葵を飾ることから葵祭とも称されている。武家からの崇敬も厚く、豊臣氏や徳川氏からは朱印地の安堵も受けていた。明治四（一八七一）年に官幣《かんぺい》大社に列格したが、終戦後に神社の国家管理の廃止に伴い、昭和二五（一九五〇）年に松尾大社と改めて現在に至る（平凡社一九七九ほか）。

松尾大社は天皇家や朝廷とのゆかりが大変深い神社であるため、あちこちに数多くの菊御紋をみることができる。しかしこれだけ由緒正しい松尾大社であっても、明治初年から始まる一連の菊御紋使用制限令では、他の神社と同様に一神社として、その継続使用の伺いを立てなければならなかった。

松尾祭　船渡御する四之社（筆者撮影）

明治二（一八六九）年八月二五日に発布された太政官布告で、伊勢神宮、石清水八幡宮、上賀茂神社、下鴨神社、泉涌寺、般舟院以外の社寺では、菊御

column 5

紋を使用することが禁止された。明治新政府は日本の近代国家化を目指す過程において、その象徴として菊御紋の管理を実施したのである。江戸時代までは天皇や皇室だけではなく、公家なども菊御紋付祭具や法具を社寺へと寄附していた。その結果多くの社寺で菊御紋が使用されていたのだが、天皇・皇室との所縁が深い伊勢神宮、石清水八幡宮、上賀茂神社、下鴨神社と泉涌寺、般舟院以外での使用を一旦禁止し、社寺から提出される由緒書を精査することで、菊御紋の使用実態の把握と、その後の方針を決めようとしたと考えられる（村山弘太郎 二〇一八）。

　この太政官布告を受けて、日本全国の菊御紋を使用している社寺は、基本的にはその所在する府県へと由緒書を提出した。そのうち京都府に提出されたものは『菊号調書』として府立京都学・歴彩館に残されている。しかし『菊号調書』には、松尾七社の一つである三宮社からの提出された由緒書一通が収録されているのみで、松尾大社はじめ他の松尾七社の由緒は含まれていない。だが幸いにも松尾大社が提出した由緒書を、太政官において授受した公文書を編集した『公文録』の中にみつけることができた。松尾大社は京都府ではなく、神祇官に直接提出していたのだ。その内容は次のとおりである。

謹言上

一、此度菊御紋三社ノ外被止候処、於当社ハ従往古御奉納ノ趣、一社伝承仕来候。然ル処、天文年中神庫ニ御座候社記類総テ焼失仕候ニ付、濫觴難相分候へ共、鴨両社御同様御取扱ノ御社ニモ御座候間、何卒寛大ノ思召ヲ以、是迄ノ通菊御紋御免ニ相成候ハ神慮ニモ相叶、一社一同難有仕合奉畏入候、以上。

松尾社
東神主
南正祢宜
東正祝

明治二年巳九月日缺

神祇官御役所(1)

　これによると、菊御紋付諸道具について、天文年中（一五三二〜五五）の火災で証拠書類は焼失したために奉納の由緒を説明することはできないが奉納されたものであると伝わっており、「鴨両社」（上賀茂神社・下鴨神社）同様のお取り扱いを受けてきた神社であるから、これまでどおり菊御紋の使用を許諾してほしいと願っていることがわかる。社寺の所在する府県へと提出するべき由緒書を神祇官に直接提出していることから、新時代における松尾大社の位置付けに対する危機感を読み取ることができる。

　しかしそのような松尾大社の切実な願いは叶わなかった。神祇官の見解は、松尾大社の願を聞き届けると、いずれは他の神社も聞き届けなければならなくなり、それでは江戸時代と同様の状況になる[2]、というもので、菊御紋の継続使用許可は、このときは下りなかった。

　だがその後、事態は好転する。明治政府による菊御紋管理体制が整うにつれ、明治七（一八七四）年に官幣社の装飾や社頭の幕・提灯《ちょうちん》に菊御紋の使用が認められたのである。これにより松尾大社も菊御紋の使用がかつてと同じように可能になった。たった五年のことではあり、最終的には官幣大社としてその社格が認められたとしても、それまで「同様」に扱われてきた賀茂社との差異が発生し、菊御紋も使用できない状況に陥った松尾大社は心中穏やかならぬものがあったことだろう。

　現在の松尾祭をみる限り、三宮社以外の松尾七社である月読社、四之社、衣手社、宗像社、櫟谷《いちたに》社も菊御紋を使用しているが、これら五社は明治初年の菊御紋禁令の際に提出すべき由緒書がなかったとは考えにくい。ではなぜそれら由緒書が『菊号調書』に収録されていないのであろうか。また松尾大社本社である大宮社を含め、松尾七社はどのような理由や経緯で、誰から菊御紋を拝領したのだろうか。今後はこれらの点を解明することで、松尾大社と天皇・皇室、または朝廷との関係を、より立体的に描くことが可能になるだろう。

松尾祭　神幸中の衣手社（筆者撮影）

【注】

（1）『公文録』明治二年・三巻　己巳九月～十二月・神祇官伺、国立公文書館デジタルアーカイブス。

（2）同前。

参考文献

◎『京都市の地名』平凡社　一九七九年
◎『京都府地名大辞典』（上）角川書店　一九八二年
◎国史大辞典編集委員会　一九九二『国史大辞典』吉川弘文館
◎村山弘太郎　二〇一八「象徴としての菊御紋」橘弘文・手塚恵子編『文化を映す鏡を磨く　異人・妖怪・フィールドワーク』せりか書房

Ⅲ 洛西の社会と文化

Ⅲ 洛西の社会と文化

洛西地域の土豪の中近世

―中路氏を素材として―

野田 泰三

はじめに

室町時代中期以降、畿内周辺の荘園村落ではあらたな武士階層の台頭をみる。寛正三（一四六二）年の秋以降、京都周辺では徳政（債務の破棄）を要求する土一揆が頻発した。室町幕府の命を受けた東寺では、京郊に所在する寺領荘園に対し、土一揆を首謀したり与同する者がいない旨を誓約した起請文の提出を命じた。一一月九日付で上久世庄（京都市南区久世周辺）が提出した起請文（東寺百合文書リ函）（図1）には八八名の荘民が署名しているが、光康・貞盛ら諱《いみな》を記す一八名がまず署判し、兵衛三郎・衛門ら仮名《けみょう》を名乗る七〇名が続く。諱（実名）を記す前者の花押《かおう》は当時の一般的な武家様花押であるのに対し、仮名（通称）を記す後者はより簡略な略押《りゃくおう》を据えており、両者は明らかに身分階層を異にする。長禄三（一四五九）年の同様の起請文（東寺百合文書を函）では、前者は「侍分」、後者は「地下分」（地下とは百姓のこと）と称されている。

一五世紀半ば頃から畿内周辺の荘園や村落で確認されるこれら「侍分」は、土豪、地侍、小領主、村の侍などと研究者によって様々に呼称されるが、荘園村落から成長してきた新興の武士である。村落に基盤を置く彼ら土豪は、しばしば惣領家（本家）を中心に枝別れした複数の家がまとまった同名中《どうみょうちゅう》（一族結合）を形成するとともに、おとな（年寄・乙名）として村の運営を主導した。細川・山名といった大名やその家臣の被官となるものもおり、大名家臣団の末端に組み込まれて地域支配の一翼を担ったが、逆に土豪たちの動静が大名権力を規制することもあって、地域社会に少なからぬ影響を与えた。

こうした土豪は洛西地域でも検出されるが、彼らは社会が大きく変容する戦国期から近世初頭に至る時期、いわゆる中近世移行期をどのように過ごしたのか。そして、近世という新しい時代をどのように迎えたのだろうか。

本稿では、洛西地域の土豪中路《なかじ》氏に焦点を当て、戦国期

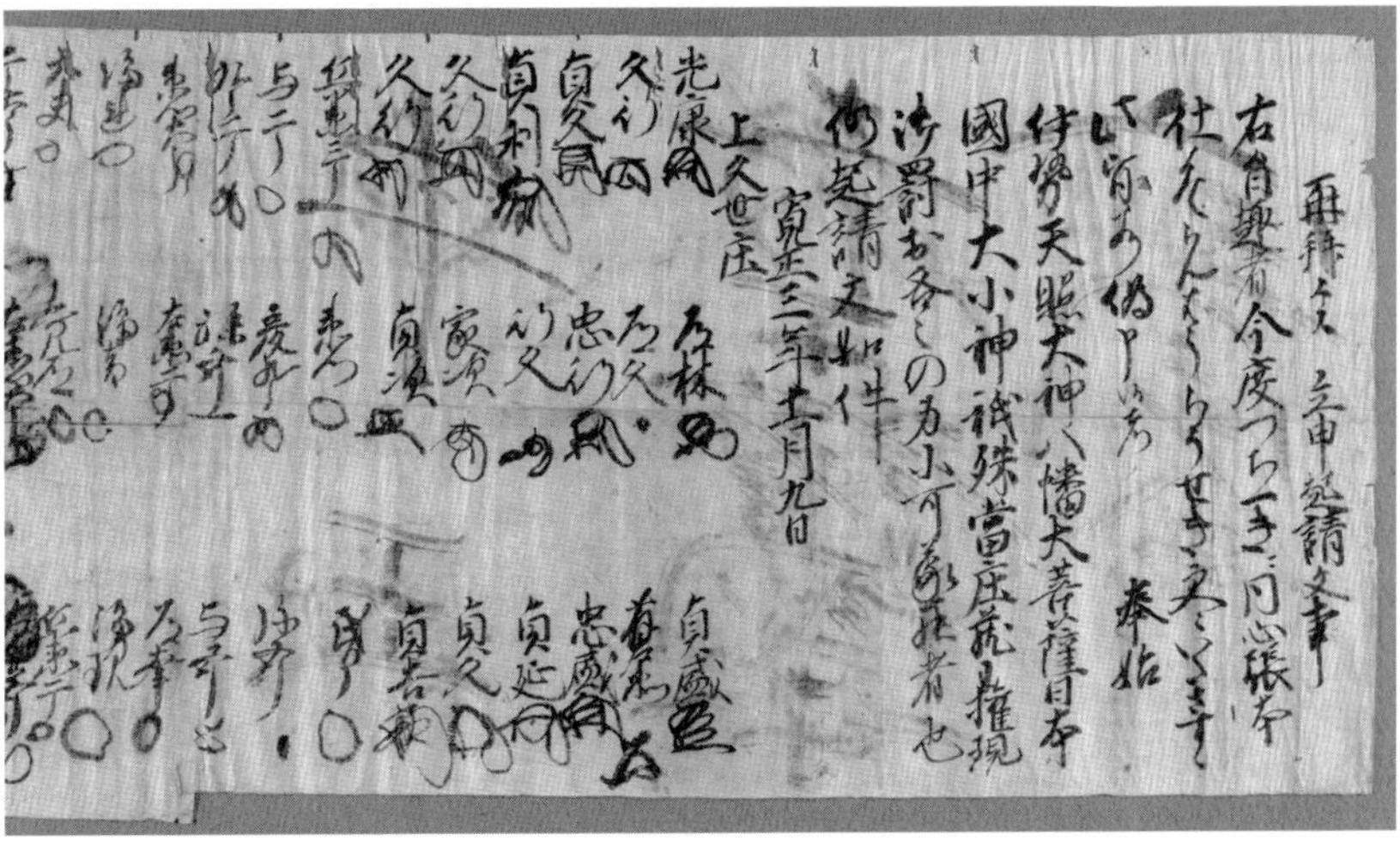

（図１）寛正３年１１月９日上久世庄百姓等連署起請文（京都学・歴彩館 東寺百合文書WEB）

から近世初頭に至る動静を跡付けてみたい。

郡の中路氏

●三好氏被官としての中路氏

公家山科言継《やましなときつぐ》の日記『言継卿記』天文二二（一五五三）年一一月二八日条に次のような記事がある。

【史料一】

夜、西院の小泉（秀清）、郡《こおり》の中路修理等、城を自焼し、霊山へ参ると云々。牢人衆放火、辰刻ばかり霊山へ取り懸け、五条坂悉《ことごと》く放火す。建仁寺の大龍・十如二塔頭、悉く炎上しおわんぬ。（中略）清水の坂にて軍《いくさ》これ有り。手負い左右方六、七人宛これ有りと云々。午時引く。

天文一八（一五四九）年六月に摂津江口の戦いに大勝し、主家細川晴元を京都から逐った三好長慶《みよしながよし》は、その後山城・摂津・丹波を中心とする細川氏分国を支配下におさめ、畿内支配を推し進めた。将軍足利義輝は当初晴元とともに近江に避難したが、その後長慶との和睦が調《ととの》い、同二一年正月に還京を果たす。京都奪還を目指す晴元方は畿内各所で長慶方と抗争を繰り広げ、【史料一】の前日二七日には晴元方「牢人衆」が丹波から西岡（京都盆地の桂川西岸を指す中世地名。現在の京都市西京区、向日市、長岡京市、大山崎町の一帯）を経て嵯峨方面に進出し、所々を放火した。そのため、長慶方であった西院の小泉秀清と郡の中路修理は、同日夜、自ら城を焼いて東山の霊山城に入ったのである。霊山城は、足利義輝がこの十月から東山に築き始めた山城である。晴元勢は二八日朝には義輝も在城する霊山城に取り懸かり、山麓の五条坂を放火したため、建仁寺の塔頭大龍庵・十如院が焼亡、清水坂でも戦闘があった。

この事件は、『長享年後畿内兵乱記』にも「晴元士卒、丹波子持山口より諸兵を将《ひき》い、郡・西院城を破却す」とみえている。

小泉秀清は洛中に程近い葛野《かどの》郡西院小泉庄を拠点とした武士で、その城館「さいのしろ《（西院）》」が洛中洛外図屏風上杉本に描かれていることでも知られる（図2）。

「郡」も葛野郡に所在した村で、桂川の東岸、現在の右京区西京極郡町を中心とする一帯であり、ここを拠点とした武士が中路氏である。郡城は、「城ノ内」「ジョウヤブ（城藪）」「カンマイ（構え）」等の俗称地名が残る右京区西京極東衣手町の念仏寺周辺に比定されている。「城」といっても、集落内の居館に土塁や堀をめぐらした程度の館城であるが（同名中の居館が複数連結していた可能性はある）、この地域の事情に通じていた山科言継が「城」と表現する程度の構造物はあったのであろう。

（図2）西院の城（『洛中洛外図屏風（上杉本）』部分）（米沢市立上杉博物館所蔵）

●郡中路氏の初見

このように、一六世紀半ばには三好長慶に属し、在所に「城」を構える有力者としてみえる中路氏であるが、中路氏が史料上に登場するのは一五世紀末のことである。

明応六（一四九七）年八月、東寺領柳原と宇賀辻子《ずし》が喧嘩（武力衝突）に及んだ際、東寺は吉祥院南や西七条など周辺の村々や土豪に助力を求めた。その一つが郡の中路氏で、東寺寺僧がしたためた会議録「最勝光院方引付」同年八月一三日条（東寺百合文書け函）には「郡ノ次郎左衛門 今、中路と号すと云々」とみえる。「今、中路と号すと云々」という表記からは、もとは無姓の次郎左衛門が明応六年からさして遡らない時期に中路姓を称するようになったことがうかがえる。郡村の中路氏は一五世紀末もしくは一五世紀後半に「村の侍」として成長し、地下（百姓）身分から侍身分へ上昇を遂げたのである。

「引付」には吉祥院南の左京亮や西七条の中村氏、塔林の山本氏の名もみえ、洛南から洛西の荘郷村落において土豪が成長している様子が見て取れる。

●戦国期の郡中路氏

郡村は松尾社の氏子圏であり、現在も松尾社の境外摂社である三宮社（衣手神社）が鎮座する。そのため、中路氏は松尾社関係の史料にしばしば登場する。

永正九（一五一二）年頃、松尾社の神主東相郷と神人（社人）が対立し、神人が神主に服さないという事態が起こった。神主の訴えを受けた細川高国の内衆内藤国貞は、神人らが相郷の命に従わない場合には相郷に助力するよう「松尾社一社中」と近隣の山田・谷の沙汰人・代官に要請するとともに、「西岡与力衆」と中路修理亮・同七郎五郎・同次郎には合力の用意をして指示を待つように命じた（松尾神社文書）。この中路修理亮は【史料一】の中路修理と官途が共通することから、郡村の中路氏と思われる。神主と神人との対立は一触即発寸前の緊迫したものだったようであり、このようなときには地域の有力者であった中路氏の力が期待されたのであろう。

細川高国はときの細川（京兆）家の当主である。永正四（一五〇七）年六月の細川政元暗殺を契機として、三人の養子澄之《すみゆき》（関白九条政基の子）・澄元《すみもと》（阿波守護細川義春の子）・高国（野州家細川政春の子）の間で跡目争いが起こり、一年近くに及ぶ抗争を制したのが高国であった。のち、澄元の子晴元と争って敗死する。「西岡与力衆」とは細川氏の被官となった西岡地域の武士を指す。

ついで、天文一一（一五四二）年七月、遷宮にあたって松尾社は氏子一人につき三〇文宛賦課したが、「郡ノ伊藤廿貫文ノ奉加、中路五人之衆五十貫文ノ奉加」と、郡村では伊藤氏が二〇貫文、中路氏が五〇貫文の多額の奉加（寄付）を行った（松尾神社文書）。「中路五人之衆」とあり、複数の家に分かれた中路氏は同名中（一族結合）を形成していたと思われる。前述した内藤国貞の命令も中路修理亮以下三名に宛てられており、同名中の存在をうかがわせる。奉加の額からすると、一族は相応の財力を有していたようである。

年未詳ながら、郡村から程近い梅津長福寺に対し、郡村の未進年貢の納入を秋まで用捨してくれるよう願った中路修理進光寿も、その官途から郡村の中路氏とみてよかろう（東京大学文学部所蔵長福寺文書）。

もう一点、年未詳であるが、中路修理亮宛の一〇月一一日森清長書状（東寺百合文書チ函）がある。東寺領上野庄（西京区桂久方町一帯）を闕所（没収）とした中路修理亮に対し、細川晴元の側近で、寺奉行（晴元と東寺の取次役）を務めていた高畠長直が使者を遣わして事情をただそうとしたようである。森清長は修理亮にそうした経緯を伝えたうえで、分別してよくよく弁明に努めるように勧めている。

細川晴元は、細川家家督の座をめぐって高国と争い敗れた細川澄元の子である。大永七（一五二七）年二月、桂川畔の戦いに敗れた将軍足利義晴・細川高国が近江に没落すると、足利義維《よしつな》（義晴の異母兄弟）とともども三好元長に擁されて和泉堺に進出し、京都を制圧する。晴元は享禄四（一五三一）年六月に高国を滅ぼし、翌五年六月には三好元長を死に追いやると、足利義晴と和睦して細川家家督の座に就く。高畠長直は天文一八年六月の江口の戦いで戦死するため、本書状はこの間のものである。

一六世紀前半、細川家家督をめぐる高国と晴元の抗争、さらに三好長慶と細川晴元主従の対立により、洛西地域を含む京都の支配者が転変する中、中路氏は巧みに遊泳してときどきの勝者に従属しつつ、地域における実力者へと成長していったのである。

西岡地域では桂川から取水する用水を近隣の荘郷が共同で利用しているため、その利用をめぐってしばしば相論が起こっている。天文二二（一五五三）年七月、松尾社領山田郷と葉室・川島・桂上下・郡四郷との間で用水相論が起こった。七月一六日に現地に赴いた山科言継は、葉室郷の領主葉室頼房や中御門宣忠・東相光（松尾社神主）と協議して、用水の中分（折半）によって紛争を終息させることとした。言継は中御門家と山科家の侍両名ならびに相論当事者である桂庄の中路美濃守、郡村の中路若狭守の同意を取り付けると、摂津芥川（高槻市）に在城する三好長慶のもとへ訴訟に向おうとする松尾社家衆を押し留め、宣忠と連名で長慶の奉行人鳥養貞長に書状をしたため、事情を説明するとともに、長慶への披露を依頼した（『言継卿記』）。

鳥養貞長へは同時に西院の小泉秀清と郡の中路若狭守からも報告がなされた。この事件は【史料一】から八か月後であり、小泉・中路という取り合わせも同じである。小泉・中路氏はこの地域における三好方被官の代表格なのである。中路若狭守は【史料一】の中路修理が受領成《ずりょうなり》（若狭守のように国守を名乗ること）した可能性もある。

地域における紛争解決には当事者の了解が不可欠であり、桂・郡両中路氏が重要な役割を果たしている。郡村の中路若狭守は三好氏への事情説明にもあたっており、郡村の代表者として、また三好氏被官として十二分の働きをしているといえるだろう。

このように、一五世紀後半ないし末頃に姓を名乗り、郡村を拠点に土豪として台頭した中路氏は、一六世紀には地域の実力者に成長した。細川高国、同晴元、三好長慶といったときどきの京都の支配者に属し、地域支配の一翼を担ったが、大名被官となったがゆえに権力者同士の抗争に巻き込まれ、在所没落の憂き目をみることもあった。

下桂の中路氏

●もう一つの中路氏

ところで、郡村の中路氏とは別に、いまひとつの中路氏の存在が確認できる。先ほどの用水相論で「郡の中路若狭守」と並んで「桂庄の中路美乃《（濃）》守」とみえる、桂庄（下桂）の中路氏である。郡中路氏とは桂川を隔てて対岸を拠点としていることになる。この中路美濃守は用水相論の前年、天文二一年九月に葉室頼房が地蔵院（西京区山田）の僧を放逐した際、天龍寺長老・松尾社社務とともに中分（仲裁）をしている（『言継卿記』）。

下桂中路氏の初見も、郡中路氏同様、一五世紀の末である。

東寺の「廿一口方評定引付」明応二（一四九三）年八月四日条（東寺百合文書ち函）には、桂川の南に位置する東寺領上野庄内に、代官を務める東寺寺官の越前（弘慶）が「下桂の中路出雲入道」の協力を得て新田を開いたという記事を載せる。新田開発には時に用水路を開削する必要もあり、労働力のみならず資金も必要となる。地域の有力者である中路氏の協力が不可欠だったのである。

●戦国期の下桂中路氏

四年後の明応六年には、中路氏は上野庄代官としてみえる。現地代官を務めていた中路五郎左衛門広次は、耕作を始める四月になるのに用水が流れなくなったため、河嶋泰宣と連名で東寺に検使の派遣を請い、あらためて新溝を開削するよう求めた。河嶋（革嶋）泰宣は上野庄に程近い葛野郡革嶋庄（西京区川島）を拠点とする有力国人で、このときは上野庄の名主《みょうしゅ》であった（東寺百合文書キ函・ニ函）。中路氏は上野庄の代官として、名主・百姓衆を指揮して荘園の経営にあたる立場にあった。現地の状況や農業経営を熟知している土豪としての知識や経験を買われて代官に補任されたのであろう。前述した同年六月の柳原と宇賀辻子の喧嘩に際して、東寺が合力を要請した在所のひとつに「カツラ」が見えるが、あるいは桂の中路氏を念頭に置いていたのかもしれない。

時代は一六世紀半ばに降り、天文四（一五三五）年一〇月一七日付で、谷・山田・桂上下郷に所在する公家・寺社領荘園から「御城米」の徴収を命じた木沢長政書状案（東寺百合文書チ函）の宛所としてみえる中路左介も下桂中路氏と考えられる。

木沢長政は義就流畠山氏の被官でありながら、細川晴元にも属した武将である。この前年八月に西岡「谷の城」（西京区御陵峰ケ堂）に拠る細川高国牢人衆を撃退した長政は、その功績によってこの城を預けられ、城は峰城・峰ヶ堂城と呼称されるようになる。長政は西岡・中脈《なかすじ》に所在する公家・寺社領荘園の年貢の半分を徴集することを認められたが（東寺百合文書ひ函）、この年は徴集できず、翌四年に改めて御城米の徴集が命じられ、諸荘園に通達した。このうち、谷（西京区松尾から松尾谷松尾山町の一帯）・山田（西京区山田一帯）と桂上下郷に関しては、中路左介と原田正親に伝達が命じられたのである。対象地域はいずれも桂川西岸であることから、中路左介は下桂を拠点とする中路氏と考えるのが妥当であろう。原田正親は上野庄関連の史料にみえるほか、天文九年には西岡内岡郷形部庄（西京区樫原周辺）を買得知行している（東寺百合文書ゑ函・さ函、「別本賦引付」）。

このように、下桂中路氏も、財力を蓄えた地域の有力者であり、桂地域の触れ頭的な役目を命じられることもあった。

下桂中路氏の居館跡は西京区桂久方町一帯とされる。居館跡北東の極楽寺は、桂離宮を営んだ智仁・智忠両親王をはじめとする八条宮家代々の位牌所として知られるが、天文一八年に中路壱岐が縁誉称念（浄土宗一心院流の祖）を招請して建立したと伝える。この「中路壱岐」当人とおぼしき人物が史料上確認できる。

【史料二】

勝龍寺普請の儀申し候処、筑州（三好長慶）より相除かれ候条、御沙汰有るまじき由承り候。今度の儀は火急の普請候条、御在所を除き守護不入何れも入るまじき由候間、早々普請の儀仰せ付けらるべく候。御遅引においては催促申すべく候。不審においては茨木（長隆）へ御尋ね有るべく候。恐々謹言。

今村紀伊守

六月廿五日

東寺
年預御房
御同宿中

慶満（花押）
中路壱岐守
光隆（花押）
四手井左衛門尉
家保（花押）
寒河修理進
運秀（花押）
渡辺市正
勝（花押）
小泉助兵衛
秀次（花押）
中沢一丞
継綱（花押）
物集女孫九郎
国光（花押）

「筑州」こと三好筑前守長慶がみえるから、長慶が本格的に畿内支配に乗り出す天文一八（一五四九）年以降のものである。勝龍寺城（長岡京市）普請（具体的には人夫の供出）を三好長慶から免除されたと主張する東寺に対し、今村慶満らは、この度は火急の普請であり守護使不入の特権は認められないとして、早々に寺領に命じるよう通達した（東寺百合文書い函）。

（図3）三好長慶像（大徳寺聚光院所蔵）

　連署する今村慶満は柳原、四手井家保は山科厨子奥、渡辺勝は洛東田中、寒川運秀は上久世、小泉秀次は西院、物集女《もずめ》国光は物集女（向日市）を拠点としており、中沢継綱も西岡出身（大原野か）と思しい。いずれも京都郊外に基盤を持つ三好氏麾《き》下《か》の武士であり、彼らに混じって中路壱岐守光隆がみえる。極楽寺を建立したのはこの光隆であろう。光隆は三好氏被官として、京郊の武士たちとともに長慶の命令を現地で執行する立場にあった。三好氏のもとでも地域支配の末端に位置付けられていたといってよいだろう。

　勝龍寺城は、文明二（一四七〇）年二月に畠山義就勢が「西岡ノ勝蔵（龍）寺ヲ陣城ニ相拘」えたことが『応仁別記』にみえ、この頃から城郭として機能し始めたようである。三好政権下においては、本書状にみえるように、西岡地域の拠点城郭として整備されていく。この後、織田信長が入京した後に細川藤孝（幽斎）が入城することは周知のところである。

　時代は降って永禄一一（一五六八）年九月一七日、山科言継を迎えた太秦《うずまさ》真珠院での酒宴に「桂の中路与介入道宗西」が参会している。前年の六月二四日、言継が松尾社社務に朝食に招かれたときに、葉室頼宣、太秦真珠院、西芳寺の南芳西堂とともに同席した「中路入道」も与介入道と考えてよいだろう（ともに『言継卿記』）。

郡中路氏と同様、一五世紀末から史料に登場する下桂中路氏は、財力を蓄えて荘園の現地代官を務め、細川晴元・三好長慶のもとでは桂地域の有力者として地域支配の一翼を担うようになった。応分の政治的地位を獲得したと評価できるだろう。

このほか、郡、下桂、いずれの中路氏か判別し難いが、戦国期のいくつかの史料に中路氏が登場する。東寺関係では、文亀二（一五〇二）年と推測されるが、東寺と上鳥羽が喧嘩に及んだ際、東寺から合力要請を受け、承諾の返事をした中路七郎左衛門尉末弘・同弾正忠貞弘がいる（東寺百合文書ツ函）。「弘」を通字と考えると、両者は近親である可能性が高い。弾正忠貞弘は、桂川東岸に位置する高田村内の鹿王院領の代官職を請け負ってもいる（革島家文書）。同じく文亀二年三月、中路源右衛門吉久が近江国蒲生下郡本郷に所在する田地を長田宗正坊に売却している（国立国会図書館所蔵大徳寺古文書）。田地の所在地が近江であり、洛西の中路氏ではない可能性もある。大永三（一五二三）年には、御影堂上人顕松の仲介により、中路三郎左衛門が二月と一一月の東寺光明講に出資・参加した（東寺百合文書ヒ函）。光明講は故人の追善を旨とした法会である。

永正から天文年間頃に上久世庄の土豪かつ年寄としてみえる和田光貞が東寺公文所に宛てた書状の中に、福田方・篠原方と並んで「中路甚介方」を「此方給人」と記す（東寺百合文書あ函）。

このほか、永禄一二（一五六九）年六月一〇日に「与力二、三人」を伴って山科言継邸を訪れた中路伊豆守（『言継卿記』）、松尾社関係では、年未詳ながら五月一九日付で松尾社務宛に在陣見舞いの礼状をしたためた中路久正、同じく一二月吉日付で松尾御宝前に寄進をした中路孫二郎雅勝がいる（東文書）。天文から永禄年間に幕府政所代を務めた蜷川親俊《にながわちかとし》の筆になる交名注文（蜷川家文書）には、中路善久がみえる。蜷川氏の主家伊勢氏の被官を書き上げたものとも思われるが、詳細は不明である。

桂川を挟んだ郡村と下桂を拠点にした両中路氏は、一五世紀後半以降に出頭した土豪であり、それぞれ複数の家に分かれて同名中を形成していたと思われる。近隣荘園の代官を務めるなど、相応の財力を有し、松尾社の有力氏子でもあった。周辺荘郷の関わる用水相論では当事者を代表するなど、地域の有力者であった彼らは、細川・三好氏ら時の京都支配者のもとで地域支配の一翼を担い、政治的にも成長を遂げていたことが明らかになった。

織豊期から近世初頭にかけての中路氏

戦国期を通して地域の有力者として成長した両中路氏であるが、社会が激変する織豊期から近世初頭に至る時代を乗り越えることはできたのだろうか。続く近世幕藩体制のもとでは、どのような立場を獲得したであろうか。

●帰農した中路氏

郡中路氏については、当該期の史料が確認できず、動静は不明である。しかし手がかりがないわけではない。本書で朝比奈英夫が分析する古典籍は、洛西地域の旧家中路家の旧蔵になるものであるが、同家はこれまで述べてきた郡中路氏の末裔であり、近世には郡村で持明院家領の庄屋役等を務めていた。郡を拠点とする中路氏のうち少なくとも一家は、近世段階では帰農し、庄屋役を務めるなど郡村の有力者として幕末に至るのである。

一方、京都学・歴彩館には下桂村中分の庄屋を務めた中路家の文書も所蔵されており、下桂中路氏の中にも地元に根を下ろした家があることが確認できる。

戦国期に大名被官として活動した武士が近世初頭には郷里に戻って帰農する事例はしばしばみられる。「鉢植え大名」という言葉があるように、近世大名はしばしば転封（所替え）を命じられる。とくに豊臣政権期から近世前期にかけては大規模な転封が相次いだ。しかし、土豪出自の家臣は郷里に先祖伝来の家屋敷や田畠を所持している。それらを守り継承するため、武士身分を捨て郷里に帰って百姓に戻る（帰農する）ものも多かった。帰農した場合、もとより村落の有力者であるから、近世には庄屋や大庄屋を務めていることが多い。惣領家（本家）は地元に戻って帰農し、庶子家（分家）は大名奉公を続け武士として存続するというケースもままみられる。

●武士を選んだ中路氏

細川家中の中路氏　織田信長の入京後、勝龍寺城に入った細川藤孝（幽斎）は元亀四（一五七三）年七月に「城州の内、桂川を限る西の地」、すなわち桂川西岸の西岡地域をあてがわれる（細川家文書）。細川氏はその後、天正八（一五八〇）年八月に丹後一国を拝領して宮津に居城を構え、その子忠興（三斎）は慶長五（一六〇〇）年の関ヶ原合戦後に豊前中津に転封（のち豊前小倉を居城とする）、さらに寛永九（一六三二）年、忠興の子忠利が肥後熊本に転封となり、以後細川氏は幕末に至るまで熊本藩主として続く。

熊本藩細川家中には志水・神足・築山など西岡地域に出自を持つ家臣がいることが知られているが、その中に中路氏の名前もみえる。

熊本藩の編纂になる『綿考輯録』（一八世紀後半成立）には、永禄・元亀（一五五八〜七三）頃の人物として中路豊後・中路鍋千代がみえるが、この両名については検討の余地がある。ここでは、熊本藩の先祖附・侍帳の類を取り上げたい。

（図4）細川藤孝像（永青文庫所蔵）

旧熊本藩主細川家に伝わった中近世文書は、現在、永青文庫（細川家北岡文庫）資料として、熊本大学附属図書館に寄託されている。この中には細川家中の系譜書・先祖附や侍帳の類が多数残されており、公益財団法人永青文庫ならびに熊本大学附属図書館のご厚意により、何点かを調査する機会を得た。そのうち、以下の史料に中路氏の名前を確認することができた。

①「豊前之国にて之御侍帳」：寛永六（一六二九）年から同九年頃の成立と推測される。
馬廻組に中路次郎左衛門（二〇〇石）、同三郎次郎（一五〇石）、同新八（一五〇石）がみえる。

②「青龍寺・丹後・豊前以来面々之名附」：享保元（一七一六）年七月成立。
「青龍寺以来之面々」として的場甚右衛門以下四名、「丹後以来之面々」として吉山市右衛門以下一三名、「豊前以来之面々」として平井貞之允以下三五名を載せ、「丹後以来之面々」の最後に中路市之允（一五人扶持）の名がある。

③「青龍寺以来之面々子孫名簿」：天保五（一八三四）年一〇月吉日の書写奥書を有する。「丹後以来面々子孫」の項に、中路新右衛門（二〇〇石）・同加兵衛（二〇〇石）・同猪之助（一五〇石）と中路市之允（一〇人扶持）がみえる。新右衛門・加兵衛・猪之助の先祖新兵衛は丹後で三斎細川忠興に召し出され一五〇〇石を、市之允の祖次郎左衛門も同じく丹後で召し出され、初め七〇〇石、のち二〇〇〇石に加増され、周防と改名した旨の記述がある。

同内容を記す「丹後以来之面々子孫」（同じ表題の史料が二点あり、うち一点は天保一二年一二月以前の成立）には、中路新右衛門と猪之助は御番方、加兵衛は御小姓組、市之允は御奉行所触と、当時の役職を注記する。

以上、寛永年間（一六二四〜四四）には細川家中に中路氏が確認でき、近世後期段階では新兵衛と次郎左衛門を祖とする二流の家筋があったことが判明する。

細川家中にはその奉公・仕官の時期により「青（勝）龍寺以来」「丹後以来」「豊前以来」という区分があり、家の由緒を誇る一種の格式となっていた。③「青龍寺以来之面々子孫名簿」によれば、「青龍寺以来之面々」とされるのは、沼田、志水、牧、山本、石寺、一宮、米田、河喜多、的場、魚住、中村、生源寺、神足、磯田、友岡、八木田、杁、沢村、樹下、神戸、可児、内藤、岡本、宮部、西川、坂根、粟津の諸氏である。この中に中路氏はみえない。②③にあるとおり、中路氏は「丹後以来」の家臣なのである。

細川家の侍帳類にみえる中路氏が洛西の中路氏だとすれば、青龍寺時代に奉公していてもよさそうなものであるが、なぜ丹後時代に奉公することになったのであろうか。また、郡、下桂、いずれの中路氏なのだろうか。

中路家先祖ノ事　永青文庫資料の中に「中路家先祖ノ事」と題する帳面がある。年紀未詳ながら、中路次郎左衛門がしたためた同家の由緒書である。著者の次郎左衛門は一七世紀後半から一八世紀前半にかけての人物と推測され、本書は次郎左衛門の曾祖父中路周防（幼名市丞、ついで次郎左衛門、周防、入道宗悦。以下、周防で統一する）を中心に、祖父内蔵助（はじめ宇兵衛）、伯父権三郎、実父市之丞と、著者次郎左衛門に至る中路家歴代の事績が記されている。

本書によれば、周防の父中路相馬助は「本名は井上」で、「山城之国桂之里」に居住し、足利将軍家に仕えた。「西岡中と申す所」に「中城」という小城を取り立て、「一家之者共」が居住していた。相馬助が俄に病死したため、幼少の周防は相馬助弟の中路弥次兵衛に預けられた。乱世となり、弥次兵衛は松永久秀に仕え「先手之役」を務めたが、「和州たつの市合戦」（元亀二〔一五七一〕年八月の大和辰市合戦）には病中の弥次兵衛の名代として一八歳の周防が参加し、弥次兵衛から譲られた愛宕の札の前立をつけた兜を着して軍功をあげた。その後、周防は弥次兵衛の養子となるが、松永久秀が滅亡すると周防は牢人した。天正八（一五八〇）年秋に丹後国を拝領した細川藤孝がその入部に抵抗する国侍達を征討するにあたり、周防は丹後に赴いて藤孝・忠興の眼前で手柄をあげ、松井康之の取り次ぎで召し出され、御目見えを得て仕官することとなった。その後、小田原陣、文禄元年朝鮮御陣、岐阜城攻め・関ヶ原御陣に従軍。丹後では七〇〇石を知行し御者頭役（足軽大将）を務め、豊前転封後に加増されて二〇〇〇石を取り、忠興の命により名乗りを周防と改めた。以後の経歴は省略するが、肥後転封後は隠居の忠興に従って八代《やつしろ》に居住、寛永一四（一六三七）年に死去している。

記載内容から、②③にみえる中路市之允がこの周防（次郎左衛門）の子孫ということになる。「桂之里」に居住したとあり、次郎左衛門家は下桂中路氏の系統と考えてよいだろう。先に下桂村中分庄屋を務めた中路氏について触れたが、中分の「中」とは下桂村内の地区名で、「中路家先祖ノ事」にいう「西岡中」「中城」の「中」も同様である。

細川藤孝は永禄一二（一五六九）年に勝龍寺城に入り、元亀四（一五七三）年七月に西岡を拝領する。下桂は西岡に含まれるので、この時期に下桂中路氏が細川氏に仕官してもよさそうなものだが、「中路家先祖ノ事」の記述を信じれば、中路周防はこの頃は松永久秀の家臣であった。三好氏の宿老であった久秀は、信長が入京するといち早くこれに帰参したため、周防もそのまま松永家中として留まった。そして天正五（一五七七）年一〇月、信長に叛旗を翻した久秀が大和信貴山城で滅びると、周防は牢人し、その後、西岡の縁を頼って丹後の細川氏のもとに赴いたものと推測される。

出頭人・中路周防　それにしても、中路周防の出頭ぶりはめざましい。社会の変革期とはいえ、西岡の一村落出身の土豪が二〇〇〇石取りの重臣にまで出世するのである。

「中路家先祖ノ事」によれば、大和辰市合戦での周防の武功は細川家中でもよく知られており、天正一〇年九月に細川忠興がもと丹後守護一色義有を謀殺した際には討手の一人に選ばれ、義有の家老日置主殿を仕留めた。関ヶ原の戦いでは忠興率いる細川勢の指揮を任される。肥後移封後は、隠居した忠興に従って八代に住まいするが、忠興のたっての求めにより四男立孝の具足始の着付け役を務めた。周防は激動期を生き抜いた武士としての器量を認められ、忠興に寵されたようである。

慶長一九（一六一四）年の大坂冬の陣の際には、細川勢は豊前に留め置かれたが、非常時に備えて、周防は家老の長岡（松井）興長組の御留守居に加えられた。興長組内での周防の序列は興長（二万五〇〇〇石）、沼田延元（五〇〇〇石）につぐ第三位で、幟四本、鉄砲七丁、弓三丁、鑓一五本、馬乗（騎馬武者）三人を含む計八〇人の軍役を命じられている（九州大学附属図書館細川文庫所収「当家雑記」）。二〇〇〇石を喰む周防は、細川家中における「御人数持」の一人であった。
洛西地域には革嶋・神足《こうたり》氏など鎌倉末・南北朝期以来の有力武士（国人）も存在し、革嶋氏は織田信長に仕え、神足氏は「青龍寺以来之面々」として細川家に奉公する。「村の侍」出自の中路氏が、彼ら有力諸氏に伍《ご》して大身にまで出頭するのがこの時代の面白さであろう。

もう一点、丹後時代の史料に中路氏がみえる。天正九年一〇月二一日に細川藤孝が成相寺（宮津市）に百石余の田地を寄進した寄進分目録案（成相寺文書）であり、曲順斎と中路佐渡守が署名する。前年八月に丹後国を拝領した藤孝は、この年三月から検地を実施し、八月には国内の寺社に領知安堵状や寄進状を発給し始める。本寄進目録もその一つであり、中路佐渡守がその執行役を務めている。次郎左衛門と行動をともにした下桂中路氏の一族とも考えられるが、現時点では不詳といわざるを得ない。

中路新兵衛　中路新右衛門・加兵衛・猪之助の系統は郡・下桂いずれの中路氏か判断するだけの材料がないが、こちらも先祖新兵衛が丹後時代に召し出されている。
実は、この新兵衛は細川氏に奉公する以前は明智光秀に仕えていた。

【史料三】

来初秋西国御陣たるべき旨仰せ出され候条、当春国役十五日普請として面々知行へ入り立て、開作の儀申し付くべく候。侍は井を関（開）き溝を掘り、召し遣う下人・下部共は、百姓並ニ十五日の間田畠打ち開くべく候。もし知行の内荒地等これ有るにおいては、何迄成りとも在庄せしめ、悉く相開くべく候。
尚以て、毎年定め置く普請を差し替え開作候上は、聊かも由断有るべからず候。然うして、百姓早く隙明け、西国御陣速やかに相動（働）くべき覚悟有るべき事肝要候。恐々謹言。

正月十三日

日向守

光秀（花押）

三上大蔵大夫殿

古市修理進殿

赤塚勘兵衛尉殿

寺本橘大夫殿

中路新兵□（衛）殿

蜷川弥三□（郎）殿

天正九（一五八一）年に比定される明智光秀の書状である（吉田銕太郎氏所蔵文書）。秋の西国出陣に備え、知行所に赴いて田畠を開墾するよう命じている。軍費調達のための増産を目的としたものであるが、宛所に中路新兵衛がみえ、天正九年には光秀の家臣であったことが判明する。

したがって、中路新兵衛は織豊期にはまず明智光秀に仕え、光秀滅亡の後、丹後に赴いて細川藤孝に仕官したと考えるのが自然であろう。

先に伊勢氏被官とおぼしい中路善久を紹介し

（図５）明智光秀像（東京大学史料編纂所所蔵模本、画像一部改変）

た。代々室町幕府政所《まんどころ》執事を務めた伊勢氏の嫡流貞興は足利義昭の没落後、明智光秀に仕えている。新兵衛が伊勢氏との関係を有していれば、このとき同じく光秀に仕えた可能性はある。光秀滅亡後に細川氏に仕えたのも、光秀の与力大名であった細川氏が引き取った光秀旧臣の一人であったのか。あるいは周防同様、新兵衛も西岡の縁を頼ったものか。詳細は不明であるが、新兵衛も一五〇〇石という高禄を喰むことになる。「当家雑記」によると、新兵衛は豊前時代には三十挺御鉄砲頭を務めており、その子加右衛門は御使番として五〇〇石を知行した。

「当家雑記」にはいま一人、鉄砲頭を務めた中路甚大夫なる人物がみえる。甚大夫は黒田如水(孝高)の従弟で、子孫はいないと記されているが、現時点ではこれ以上は不詳である。

以上のように、織豊期以降、細川家中として数家の中路氏が確認でき、近世後期まで少なくとも次郎左衛門・新兵衛二流の中路氏が存続していたことが判明した。両流の祖というべき周防は二〇〇〇石、新兵衛は一五〇〇石といずれも高禄を与えられており、上々の出世を遂げたといってよいだろう。

次郎左衛門・新兵衛両家は大名家中となって、主家とともに転封を繰り返し、その過程で洛西の地を離れて在地性を失うことになる。

おわりに

戦国期の一五世紀末から織豊期、そして近世に至る中路氏の歴史をたどってみた。

桂川を挟んだ郡・下桂という荘園村落から身を起こし、一五世紀後半以降、土豪=「村の侍」として成長した両中路氏は、一六世紀になると近隣荘園の代官を請け負ったり、村同士の紛争を調停するなど、出身村落の指導者というに留まらず、活動の場を周辺地域にも広げた。結果、細川氏や三好氏など京都を支配する大名権力の末端に組み込まれ、洛西地域における地域秩序の担い手としての役割も果たすようになった。

織豊期以降は、松永久秀や明智光秀に仕え、両者の滅亡後は細川家に奉公し、肥後熊本藩士として幕末に至る家もあれば、地元の郡・下桂に留まって庄屋役等を務めながら先祖伝来の田畠家屋敷を守った家もあった。

史料上の制約もあって、これまで検討されることのなかった中路氏であるが、断片的な史料をつなぎ合わせることにより、中路氏の地域における役割や、社会が大きく変容する中近世移行期に中路氏がたどった軌跡の一端を明らかにすることができたのではないかと思う。

洛西地域はこうした土豪層が数多く検出できる地域である。こうした幾多の土豪たちの戦国期から近世に至る動静が明らかになれば、洛西地域のみならず京都のより豊かな歴史像を描くことが可能となるだろう。今後の研究の進展に期待したい。

参考文献

◎今谷明　一九八五『戦国三好一族』新人物往来社
◎今谷明　一九八五『室町幕府解体過程の研究』岩波書店
◎京都市　一九九四『史料京都の歴史　第一四巻　右京区』
◎京都市　一九九四『史料京都の歴史　第一五巻　西京区』
◎京都府ホームページ「古文書解題」(pref.kyoto.jp/kaidai/kaidai.html)
◎長岡京市史編さん委員会編　一九九二『長岡京市史　資料編二』
◎長岡京市史編さん委員会編　一九九六『長岡京市史　本文編二』
◎山下正男　一九九六『京都市内およびその近辺の中世城郭：復元図と関連資料　京都大学人文科学研究所調査報告第三五号』

Ⅲ　洛西の社会と文化

コラム6

神足氏と細川氏

野田　泰三

神足《こうたり》氏は、建武四（一三三七）年八月に左近次郎信友が石清水八幡宮放生会の警固役を務めるなど（「古蹟文徴」）、南北朝初期から活動が知られる山城国の国人である。戦国期には乙訓《おとくに》惣国の年老衆としてみえ、細川・三好氏の抗争にも近隣の西岡国人・土豪とともに登場する（東寺百合文書ソ函・そ函など）。

神足氏の拠点乙訓郡神足（長岡京市神足）は、細川藤孝が拝領した西岡に含まれる。というよりも、神足氏の居館は勝竜寺城に近接しており、細川藤孝による勝竜寺城改修の際には、北の守りとして城内に組み込まれた。神足氏は早い段階で細川氏に仕官し、近世を通じて「青龍寺以来」の家柄を誇る。

その神足氏は、近世初頭に興味深い動向を示す。

永青文庫資料（熊本大学附属図書館寄託）の「青龍寺以来之面々子孫」と「家々御奉公附ニ依リ僉議帳」（表紙には「跡目被召仕又病気老衰等ニ付　享保九年ヨリ元文二年迄」との記述がある）によれば、乙訓郡神足出身の神足掃部は、足利義輝に仕えたのち浪人して在所に居住していたが、細川藤孝・忠興父子が青龍寺城に入ると、これに仕えた。

天正元年（元亀四年、一五七三）に将軍足利義昭が織田信長と対立して挙兵した際には、細川藤孝の去就をめぐって家中に動揺が走ったが、掃部は米田求政とともに青龍寺城の警固にあたり、忠興から賞された。天正八年、細川氏が丹後に転封となった際、忠興は掃部へも丹後への同行を命じたが、掃部は年老いていたこともあり、「在

細川忠興像（東京大学史料編纂所所蔵模本、画像を一部改変）

所相続のため」に辞退して許された。しかし、掃部はその後も丹後、そして豊前へ藩主の御機嫌伺いに下向している。忠興からは子息を出仕させよとの厚意を受けており、嫡男の角左衛門を残して、次男の三郎右衛門、三男の少（庄）五郎、四男の八郎右衛門の三子が豊前小倉で召し出され、それぞれ二〇〇石を知行した。角左衛門の嫡男勘右衛門もその後二〇〇石で取り立てられた。

　このうち三郎右衛門は、のちに父掃部が年老いたため、寛永九（一六三二）年に細川忠利が肥後に転封となったのを機に、在所相続のために帰国を申し出て許され、郷里神足に戻った。兄角左衛門は死去したのであろう。しかしその後も、忠興・忠利・光尚の細川氏歴代が江戸参勤のため国元と江戸を上下する折には、上方で御目見えを賜っている。三男少五郎以下はそのまま細川家での奉公を続けた。

　主家の丹後転封を機に、「在所相続」のため神足掃部は致仕《ちし》した。主家から子息を出仕させるよう厚意を受けた際も、嫡男は在所に残して次男以下を豊前に遣わしている。そして、掃部が老いると、今度は三郎右衛門が致仕し、田畠家屋敷を相続すべく神足に戻った。掃部とその子三郎右衛門からうかがえるのは、郷里の先祖伝来の所領を維持継承するという強い意識である。隠居した掃部が嫡男の角左衛門を神足に留めたのは、当然所領を継がせるためだろう。しかし、角左衛門が死去したため、次男の三郎右衛門が帰郷せざるを得なくなったものと思われる。

　荘園村落を基盤に成長した土豪たちにとって、先祖伝来の土地を守ることが最優先課題だったのである。

　とはいえ、神足に戻った掃部や三郎右衛門と細川家の関係が切れたわけではない。掃部は致仕後にわざわざ丹後や豊前へ下っており、三郎右衛門も主家の参勤交代の機会を捉えて御目見えを得ていた。帰郷した神足氏と細川家との関係は続いているのである。

　こうした慣習はいつ頃まで続くのか。藩主と家臣の個人的な関係に拠るものなのか、「青龍寺以来」という家柄に拠るものなのか。なお検討の余地はあるが、致仕し遠く離れた在所に戻った家臣と主家との関係は、近世前期にはなお維持されることがあったようである。

　土豪の在地性や、近世初頭における主家と家臣の関係を考えるうえで、神足掃部父子の事例は興味深い素材を提供してくれる。

参考文献

◎長岡京市史編さん委員会編　一九九二『長岡京市史　資料編二』
◎長岡京市史編さん委員会編　一九九六『長岡京市史　本文編一』

Ⅲ 洛西の社会と文化

江戸時代の『百人一首』注釈と文人たちの交流

朝比奈 英夫

二つの『百人一首解』

●洛西旧家の新資料

平成二五（二〇一三）年に洛西地域の旧家中路《なかじ》家から京都光華女子大学に一群の資料が寄贈された。その中で、内題に『百人一首読解』と記す一冊の写本がある。表紙と末尾を欠くが、本文は一一三丁で、しっかりとした分量の『百人一首』の注釈書である。この書物について調査を進めていたところ、近時、公開された跡見学園女子大学のデジタルアーカイブによって、江戸後期の国学者、林（源）国雄の著『百人一首解』であることが判明した。

林国雄は、『国学者伝記集成』などによると、次のような経歴の人物である。

林国雄（宝暦八（一七五八）年～文政二（一八一九）年）は、江戸後期の国学者で、水戸に生まれ、江戸に出て甲府勤番支配八木丹波守に仕官、狂歌を鹿都部《しかつべの》真顔《まがお》に学び、その後、和歌を学ぶ。八木家を辞し、山崎某の養子となり、そこも辞して諸国を廻る。その後に、江戸に戻り、四谷荊豆店に住み、講釈を盛んに行った。著書に『詞の緒環』、『皇国之言霊』、『松葉集』などがある。

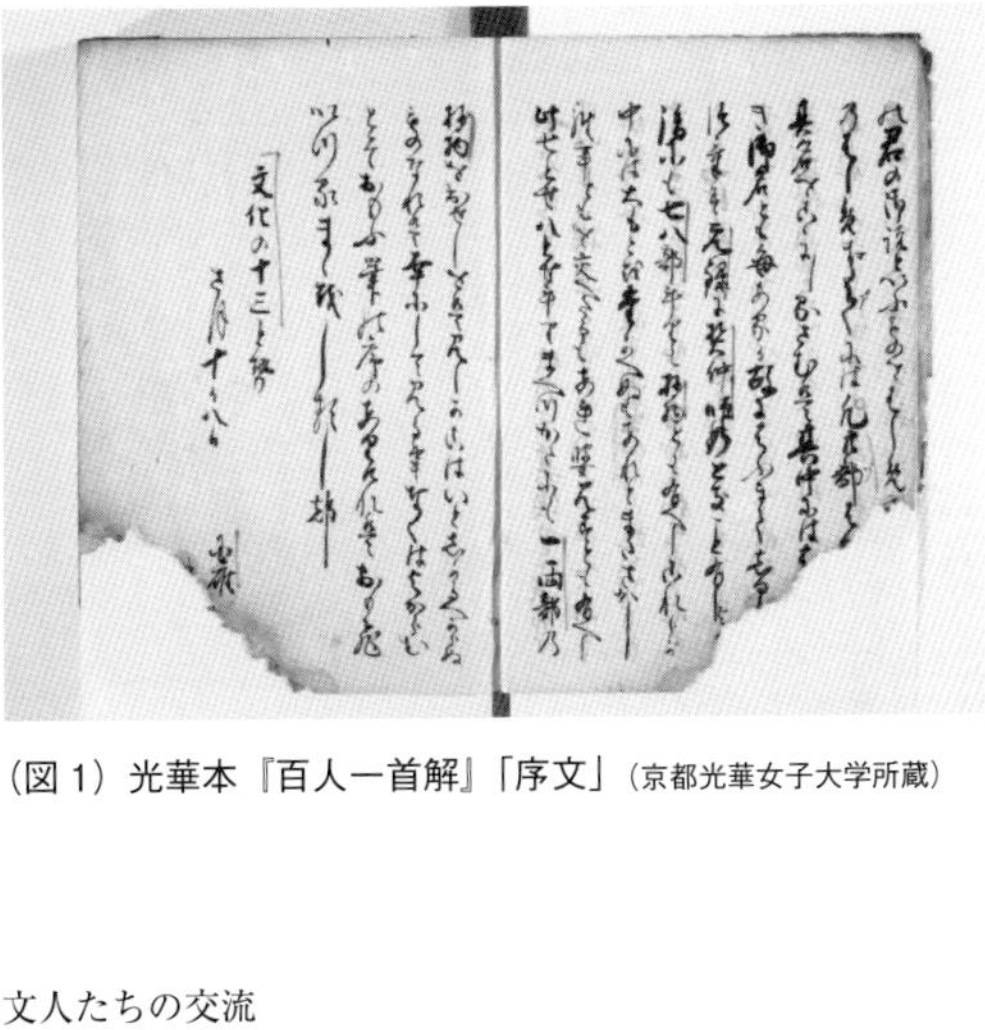
（図１）光華本『百人一首解』「序文」（京都光華女子大学所蔵）

『国学者伝記集成』の林国雄の項には著書が二四点、挙げられているが、『百人一首解』の名はみえない。『国書総目録』、『古典籍総合目録』、国文学研究資料館の「日本古典籍総合目録データベース」には同名の『百人一首解』が載っているが、本書とは異なる注釈書である。したがって、目下、林国雄の『百人一首解』で所在が知られているのは、跡見学園女子大学所蔵本（跡見本）と京都光華女子大学所蔵本（光華本、図１）の二本のみである。跡見本は「乾」「坤」の二冊で、全編が整った文字で書かれており、清書本の体である。光華本は、一冊に合綴されており、やや文字が乱雑で誤字が見られる。おそらく跡見本が原本かそれに近い写本であるのに対して、光華本はやや早書きの転写本なのであろう。

それにしても、江戸時代後期に、江戸を拠点にして活動した国学者の注釈書の写本が、なぜ洛西の旧家の書庫に眠っていたのであろうか。現在のところ、この『百人一首解』で知られているものは跡見本と光華本の二点のみで、版本として刊行されたり、多くの転写本が存在したりといった形で広く流通した形跡が認められない。二つの写本をつなぐ、直接の証拠が見出されないのである。

『百人一首解』の内容に目を向けてみよう。巻頭には、自序が二つ付けられている。第一の序は三丁で、『百人一首』成立の由来と本書の執筆の経緯を述べる。第二の序は七丁で、『百人一首』の成り立ちを詳述し、江戸期の『百人一首』注釈史の批評と執筆意図を述べる。

このうち、注目されるのは第二の序で、そこでは江戸時代前期の国学者、契沖《けいちゅう》をたいへん高く評価している。そして、契沖以降の注釈書は憶説が多く、見るべきものがないと断じて、自らが正しい解釈を示すために注釈の筆をとるのだと述べている。こうして、『百人一首解』は、かなりきっぱりとした態度で自らの正統性を主張している。この自負心の強さは、江戸時代の『百人一首』注釈書の中でも、群を抜いている。こうしたところに魅力を感じたことも、この書が書写された理由の一つなのではなかろうか。

●江戸時代の『百人一首』人気

『百人一首』は、江戸時代から近代に至るまで、高い人気を誇っている古典の一つである。そうした『百人一首』愛好の人気を裏付ける資料が、京都府立京都学・歴彩館（以下、歴彩館）にある。京都舞鶴の旧家上野家に残された文書の一点で、大正六（一九一七）年に京都で開催された浮世絵展の目録がそれである（図2）。図版に挙げた部分は、『百人一首』の山辺赤人《やまべのあかひと》や在原業平《ありわらのなりひら》などの歌を題材とした葛飾北斎の浮世絵が、この展覧会に出品されたことを示している。ここに挙げられている北斎の「山辺赤人ノ図」は、

図3の絵だと思われる。

このように、『百人一首』は、それを題材とした浮世絵も、江戸時代から明治、大正と長く人々にもてはやされ続けた。鎌倉時代に藤原定家が選んだ秀歌が出発点とされるこの和歌集が、近現代に至るまで息の長い人気を保った背景には何があるのだろうか。近代になって散文が文学の主役となる以前は、和歌が人々にとって基本的な教養であった。その中でも『百人一首』が注目されたことには、二つの要因があると思う。

一つは、『百人一首』が幼少の頃から、特に女性が学ぶべきものとされたことである。往来物と称される書物が江戸時代に多数、出版された。これら往来物は、いわば現代の小学校教科書のような書物である。当時は男女の別が厳しく意識されたので、往来物も男女で内容が大きく異なっている。女子向けに書かれた往来

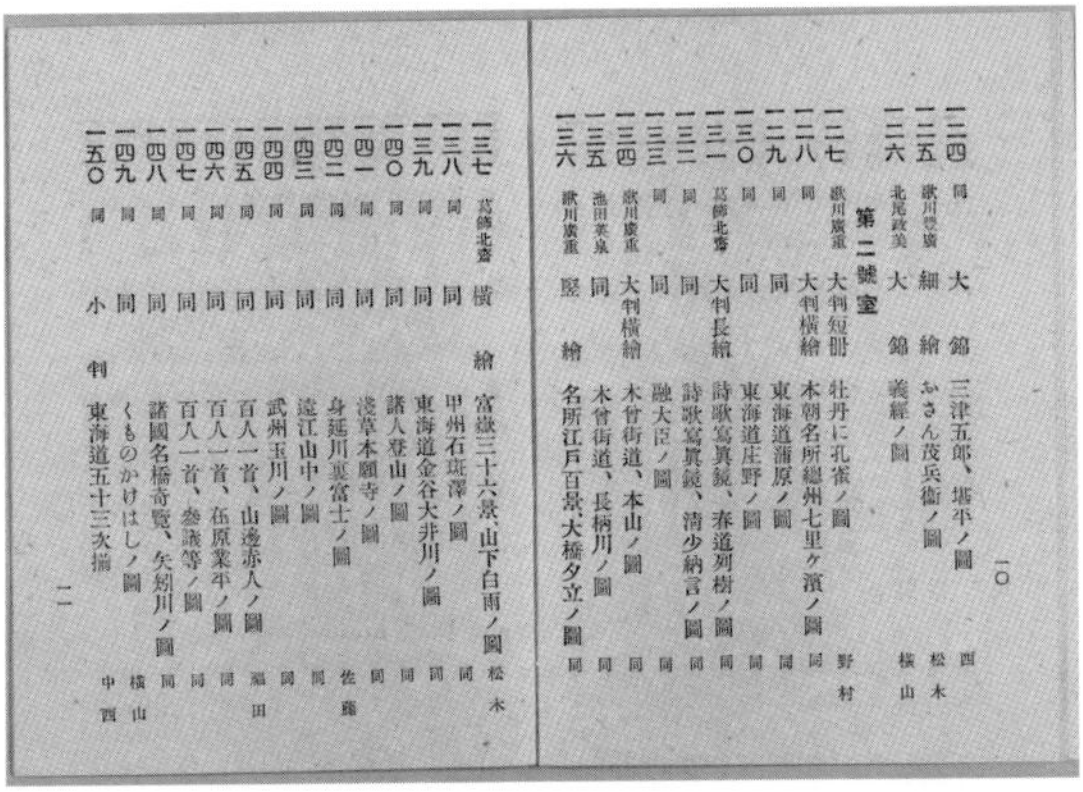

一〇

一二四	同	大錦	三津五郎、堪平ノ圖	西
一二五	歌川豊廣	細繪	おさん茂兵衛ノ圖	松木
一二六	北尾政美	大錦	義經ノ圖	横山

第二號室

一二七	歌川廣重	大判短冊	牡丹に孔雀ノ圖	野村
一二八	同	大判横繪	本朝名所總州七里ヶ濱ノ圖	同
一二九	同	同	東海道蒲原ノ圖	同
一三〇	同	同	東海道庄野ノ圖	同
一三一	葛飾北斎	大判長繪	詩歌寫眞鏡、春道列樹ノ圖	同
一三二	同	同	詩歌寫眞鏡、清少納言ノ圖	同
一三三	同	同	融大臣ノ圖	同
一三四	歌川廣重	大判横繪	木曾街道、本山ノ圖	同
一三五	池田英泉	同	木曾街道、長柄川ノ圖	同
一三六	歌川廣重	竪繪	名所江戸百景、大橋夕立ノ圖	同
一三七	葛飾北斎	横繪	富嶽三十六景、山下白雨ノ圖	松木
一三八	同	同	甲州石班澤ノ圖	同
一三九	同	同	東海道金谷大井川ノ圖	同
一四〇	同	同	諸人登山ノ圖	同
一四一	同	同	淺草本願寺ノ圖	同
一四二	同	同	身延川裏富士ノ圖	佐藤
一四三	同	同	遠江山中ノ圖	同
一四四	同	同	武州玉川ノ圖	同
一四五	同	同	百人一首、山邊赤人ノ圖	福田
一四六	同	同	百人一首、在原業平ノ圖	同
一四七	同	同	百人一首、參議等ノ圖	同
一四八	同	同	諸國名橋奇覧、矢矧川ノ圖	同
一四九	同	同	くものかけはしノ圖	横山
一五〇	同	小判	東海道五十三次揃	中西

一一

（図２）「浮世絵版画展覧会目録」上野家文書（京都学・歴彩館蔵）

（図３）葛飾北斎「百人一首うはかゑとき　山辺の赤人」
（国立国会図書館デジタルコレクション）

物の一つに、『女今川教文《おんないまがわおしえぶみ》』という書がある（図4）。

往来物の研究家、小泉吉永氏は、この『女今川教文』に「手習い稽古のひまもあらば、百人一首、伊勢物語などの文に続きて、この目録にある文を読ませ給うべし」（筆者注、表記を読みやすく改めた）という言がみえることを紹介して、『百人一首』が教科書類に進む前に女子が学ぶべき書とされていたと指摘している（吉永直人 二〇〇五）。ちなみに右の言にある「この目録」とは、図4の上段に「女教訓読書本目録」として挙げられている「女大學宝箱」以下の女子用往来物を指している。

そして、『百人一首』人気のもう一つの要因は、かるた遊びの流行である。浮世絵には世俗の様々な場面が描かれるが、かるた遊びもその題材の一つであった。図5は、江戸時代前期に人気を博した絵師宮川一笑の作で、艶やかな女性が歌かるたに興じている様子を描いている。女性にとって『百人一首』の歌かるたは、身近な教養であり遊戯であったのである。

子どもを描いたほほえましい浮世絵を紹介しよう。図6は、「風流おさな遊び」と題された浮世絵で、

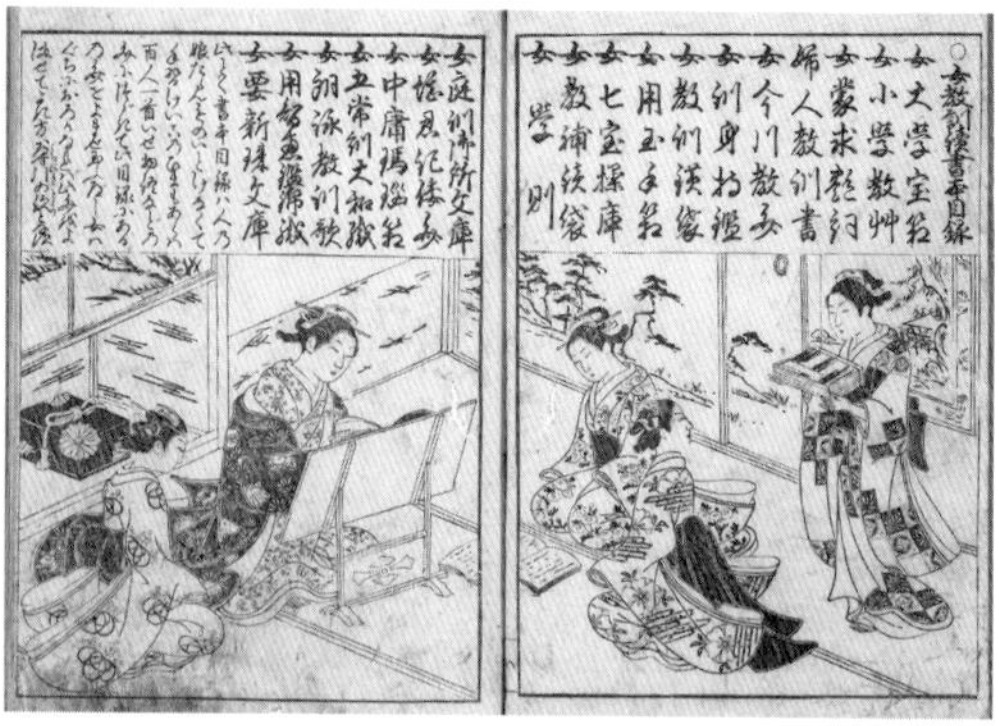

（図4）『女今川教文』安永七年刊（京都光華女子大学所蔵）

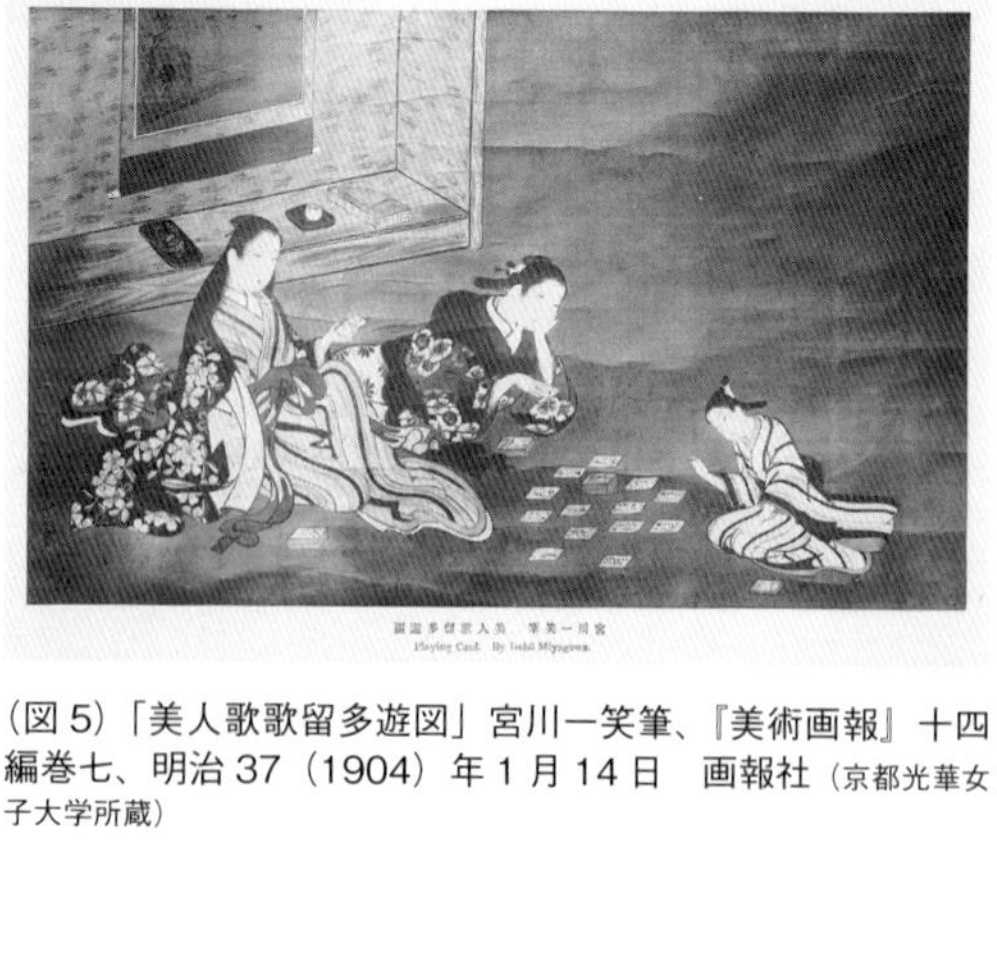

（図5）「美人歌歌留多遊図」宮川一笑筆、『美術画報』十四編巻七、明治37（1904）年1月14日　画報社（京都光華女子大学所蔵）

歌川広重の作品である。広重は、周知のとおり、東海道五十三次の版画で有名な浮世絵師である。この「おさな遊び」は、男の子の遊びと女の子の遊びとが、それぞれ一枚ずつの画面に描かれている作品で、図6は、そのうちの女の子の遊びを描いた一枚である。

図6の画面の上部に、「歌かるた」と見出しが記され、四人の女の子がかるたを囲んで遊んでいる。奥のやや年上に見える一人は、札の読み手であろうか。四人の女の子たちは、今でいう幼稚園から小学校の年頃に見える。先にも述べたが、『百人一首』は、女の子たちが学びはじめに習い覚える教養であった。

広重の描いた「おさな遊び」は、まさしく、その教養のあり方を柔らかな絵として映し出しているのである。

（図6）「風流おさな遊び」歌川広重筆（部分）（公文教育研究所所蔵）

●『百人一首』の注釈書

こうした『百人一首』の流行に応じるかのように、注釈書も多数、刊行され広く流布している。そうした中にあって、林国雄の『百人一首解』はどのような位置を占めるのであろうか。江戸時代以前の『百人一首』の注釈史をごく簡略に示すと、古注、新注に分けることができる。古注は、室町期～江戸前期に著された注釈で、藤原定家の権威を背景とした二条家流の注を中心とする。中世以来の秘伝・秘説の継承が特色である。『百人一首宗祇抄』（一四九〇年頃）、『幽斎抄』（一五九六年）、北村季吟《きぎん》『百人一首拾穂抄』（一六八一年）などがその代表である。一方の新注は、江戸前期以降に著された注釈で、秘伝・秘説を排除し実証的解釈を加えることを特色とする。代表は、契沖『百人一首改観抄』(一六九二年)、賀茂真淵『宇比麻奈備《うひまなび》』(一七六五年)、香川景樹《かげき》『百首異見』(一八一二年)などである。

このような注釈史に当てはめると、『百人一首解』は新注の部類に属する一書ということになる。新注の嚆矢ともいうべき注釈が契沖の『改観抄』である。林国雄は序文で契沖を高く評価しているのだから、新注の中でも当然、契沖の説を重んじていると予想されるのだが、実はそうとばかりもいえない。

一例を挙げると、『百人一首』の巻頭第一首、天智天皇の歌について、契沖の説は、天皇の作であることを重視する中世以来の解釈を尊重する。それに対して真淵の『宇比麻奈備』の説は、天智天皇の歌は『万葉集』に載る作者未詳の歌が歌詞を変えて伝えられたもので天皇の歌ではない、だから中世の解釈のように、歌の歌詞の裏に天皇の歌としてふさわしい意味をくみ取ろうとするのは誤りだと断言する。こうして、真淵は中世以来の諸説をきっぱりと切り捨てている。

天智天皇の歌を説明するにあたり、『百人一首解』は旧注を尊重する契沖説を取らず真淵説に拠っているのである。これは、真淵の注釈の方が、秘伝・秘説を引きずる旧注を明快に否定していて合理的である、と判断した結果であろう。こうした姿勢を勘案すると、この注釈書の執筆には、伝承を否定して合理的な解釈に初学者を導こうとする、啓蒙的な目的があったのではないかと推測されるのである。

●俗語解の影響

江戸時代後期になると、特色ある注釈として、俗語解と呼ばれる一群の注釈書が現れる。これは、日常語によって解釈を示す注釈で、その手法は、本居宣長《もとおりのりなが》『古今集遠鏡』(一七九三年)が嚆矢とされる。『百人一首』の俗語解として、衣川長秋『百人一首峯梯《みねのかけはし》』(一八〇一年)、中津元義『小倉の山ふみ』(一八〇二年)、本居太平『百人一首梓弓』（一八二一年）が相次いで著された。本書は、そうした新しいスタイルの注釈の影響も受けている。一例を挙げよう。『古今和歌集』の小野小町の歌、「花の色はうつりにけりないたづらにわが身よにふるながめせしまに」は、小町の代表作としてよく知られている。次に挙げるのは、この歌についての俗語解の注釈で、前者がその代表である宣長の『古今集遠鏡』、後者が『百人一首』の注である。

エ、花ノ色ハ　アレモウ　ウツロウテシマウタワイナ　一度モミズニサ　ワシハツレソフテヰル男ニツイテ　心苦ナ事ガアツテ　何ンノトムヂヤクモ　ナカツタアヒダニ　長雨ガフツタリナドシテ　ツイ花ハアノヨウニマア（『古今集遠鏡』）

花の（サクラ花）（……スガタ）　（ソノ）色はうつりにけりな　いたつらに（サテモ）（ウカウカト）（ウカウカト）　我身（ガ）
世にふる（ヨヲ）（ヨヲ）　なかめ（ハルノアメトミシ）（モノオモイ）　せしまに（『百人一首解』）

読み比べてみて、いかがであろうか。『古今集遠鏡』は、まさに語りかけるような調子で、かみ砕いた表現になっている。『百人一首解』の方は、説明の文言は少ないのだが、本文の左右に平易な言葉づかいの注で一首についての解釈を補っている。右側の注が花の移ろいという自然の景を主にした解釈で、「私がうかうかと春の雨を見ているうちに、桜の花の色が移ろってしまった」という。本文の左側が、桜の花にわが身の移ろいを重ねた解釈で、「桜の花が盛りを過ぎて移ろうように、わが身も物思いにふけって世をうかうかと世を過ごしているうちに……」という、人の身の無常を歎く作者の心を読み解いている。
歌の第三句「いたつらに」の説明にある「さても」「うかうかと」という言い回しには、本書が『百人一首』注釈の正統派を自負しながら、俗語解の手法をも意識して平易な解釈を示そうとしている意識が見受けられる。ここにも、いわば、初心者に向けて手ほどきをするような態度が認められるのである。光華本を作成した書写者は、『百人一首解』を『百人一首』の格好の入門書とみなして書写するに及んだのではなかろうか。

江戸時代の教養人

●洛西文化圏の存在

前節で、新出の『百人一首解』が洛西の旧家中路氏の旧蔵書であることを紹介したが、中路氏は、戦国時代に三好氏に仕えた土豪として知られている。居城「郡城」跡は、桂川右岸の桂大橋の北側、京都市右京区西京極東衣手町の念仏寺周辺に比定されている。中路氏の歴史については、本書で野田泰三が詳細な報告を行っているので、参照されたい。

中路氏のような在地の有力者は、多くが村役人の任にあった。彼らは、地域社会を領導《りょうどう》する有効な手段として文化活動を行っていた、地域文人（在村知識人）というべき存在であった。地域文人の活動はそれぞれの地域内にとどまらず、広域の文化圏を形成し、その中で情報の交換とともに書物の貸借も行っていた（久留島浩 一九九五、青木美智男 一九九五、竹松幸香 一九九九）。前節で紹介した『百人一首解』も、そのような文化圏の交流の中で、中路氏の書架にもたらされたものかもしれない。

●中路氏親族、細野長方

中路氏が所蔵していた史料や古典籍のうち、歴彩館に寄贈されたものは、「京の記憶アーカイブ」に「中路家旧蔵資料」として整理され目録が作成されている。その旧蔵資料の中で注目されるのは、「細野氏親族　中路香梅堂」という記述で、ここから中路氏と細野氏とが縁戚であったことが知られる。細野氏は、江戸中期（一七〇〇年代）から幕末（一八〇〇年代）にかけて、当主が細野四郎兵衛を名乗り、大名を相手に金融業を営んでいた。この細野氏の一人、細野長方《ながかた》という人物が文学関係の資料を多数残し、それらが「中路家旧蔵資料」に含まれているのである。長方は、大名を相手に商いをするような裕福な家の中で育ち、上質の教養を身につける環境を持っていたものと思われる。それゆえ、長方が残した多くの詩歌や文章は、当時の豊かな商家の人々の教養のあり方を示すものといえよう。江戸時代の文人は、本業とは別に、その天分を趣味の世界で発揮した人とされる（中村幸彦 一九八二）が、細野長方は、まさにその文人の典型と見ることができる。

細野長方関係資料の中で作成年が判明するものは、文化四（一八〇七）年から文化一二（一八一五）年にわたる。この他に年次不明の資料があるが、長方の活動は、およそ一八〇〇年代前半であったと見てよいであろう。これはまさに文化文政時代にあたる。長方は、後述するとおり、江戸に赴き文人たちと交わりを結んだことが知られる。化政文化隆盛のただ中にあって、そのような経験を持つことで、長方は自らの教養の幅を拡げていったものと思われる。
長方が関わる和歌や散文は、決して広く流布したものではない。長方とその周辺で日常的に書き留められ、あるいは交換されて残された資料である。だが、むしろそうであるからこそ、当時の教養人のありようを、生のままに伝えてくれるように思う。そこで次に、長方が残した資料のいくつかを紹介しつつ、当時の文人の活動をみてみよう。

文人たちの交流

●田山敬儀と細野長方

本節では、細野長方と交流があったとされる田山敬儀《ゆきのり》に目を向けて、当時の文人たちの交流について触れてみたい。田山敬儀の生没年は、明和三（一七六六）年～文化一一（一八一四）年である。これに細野長方の活動期を重ねてみると、敬儀の人生の晩年にあたっている。よって、田山敬儀は細野長方の師であったとみるのが妥当であろう。歴彩館には師の敬儀から長方に宛てた、心のこもった餞の文章が残されている（図7）。『和歌文学大辞典』（古典ライブラリー 二〇一四）では、田山敬儀を次のように紹介している。

田山敬儀〔江戸時代中期 歌学者〕
田山（源）。明和三（一七六六）年三月一四日～文化一一（一八一四）年四月一九日、四九歳。通称、順吉・従事。号、淡斎。私諡、恭穆先生。田山敬芳の男。伊賀上野の人。初め山崎闇斎に私淑して儒

学を学び、壮年に上京し、小沢蘆庵に入門した。歌学を修め、蘆庵門の四天王の一人に数えられる。また画もよくした。没後は蘆庵と同じく白川心性寺に葬られた。著作に、『女誡国字解』（文化二年刊行）、『百人一首図絵』（文化四年刊行）、『玉苗』（文化五年刊行）がある。

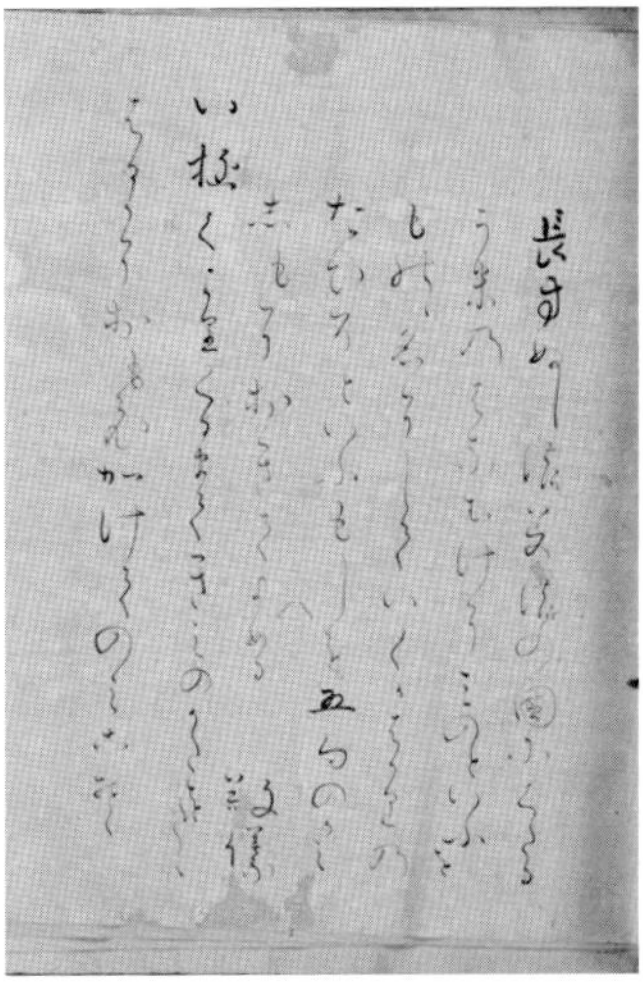

（図7）敬儀から長方への餞文
（京都学・歴彩館所蔵）

敬儀が師とした小沢蘆庵（享保八〔一七二三〕年〜享和元〔一八〇一〕年）について、『近世和歌史』（佐佐木信綱　一九二三）は、「そのただごと歌を主張して、歌は自然の感情そのまゝを、技巧を用ゐずに、平言を以て言ひあらはした」と評している。田山敬儀の墓所は、京都市左京区北白川にある蘆庵の墓の隣にあり、師である蘆庵への敬慕の念の深さを知ることができる（中野稽雪　一九五四）。『南天荘次筆』（井上通泰　一九三六）所収の「小沢蘆庵」には、「附、田山敬儀の碑」として、敬儀の墓所とその墓碑が紹介されている。碑文には、敬儀の人となりについて、「先生天資温恭ナリ。（中略）既而帷ヲ下シ卓トシテ一家ヲ為ス」（井上の訳文による）と記されている。

●和歌文学の新展開

小沢蘆庵が「ただごと歌」を唱えて、近世和歌史に新風を吹き込んだのは右に述べたとおりである。しかし、蘆庵の志向は、古今集尊重という規範からは外れることはなかった。前出の『近世和歌史』は、江戸時代の和歌文学の展開を概観して、和歌史における近世期の位置を明治の「革新時代」の「前駆をなしている」としたうえで、次のように述べている。

一言でいえば、古歌風の真精神復興のうちに真の自分の歌というものを詠み出してゆこうという運動の流れが、近世の和歌史である。（中略）蓋し、古へにかへるという事は、自然にかえること、やがて真にかへる事と考えられていたからである。古歌を学ぶのは、未だ十分わが真を現わす所以ではないというような自覚は、近世の和歌史上には、未だ徹底して生ずるに至らなかったものの、半ば意識的には説かれて、微々たるながら和歌発達の動力をなしていた。（筆者注、漢字及び仮名遣いを改めた）

右にいう「古歌」とは『新古今和歌集』以前、すなわち平安時代末までの歌のことである。この言を参考にすれば、蘆庵から敬儀、そして細野長方が活動した一七〇〇年代半ばから一八〇〇年代前半の江戸時代後期は、明治維新を迎える一八〇〇年代後半から和歌史が大きく展開する前夜であり、旧来の和歌観を打破する素地が芽生えてきた段階でもあるといえよう。田山敬儀、そして細野長方は、そうした文学史の趨勢を牽引した蘆庵の影響を受けて文学活動を営んでいたものと思われる。この点については、今後、敬儀や長方の詠作を読み解き、明らかにする必要がある。

●長方の江戸遊学

細野長方が残した作品の中に、親交のあった人物への追悼文がある。その一つに「石川のぬし」を追悼する文（中路家旧蔵資料・館古６０１－37）がある。文化六（一八〇九）年に作成された追悼文で、長方の教養がうかがわれる貴重な資料である。長文であるため、ここでは全編を紹介することはできないが、この文には長方の経歴に関して、注目すべき記述が二か所ある。

一つは、「おのれ四年ばかりさき、大江戸にまうでし時に、加茂の季鷹縣主の、はやくより分きて親しければとて、消息して、おのれとも交われなど言はれしより」という部分である。ここから、追悼文の作者である細野長方が江戸に行った経験を持つこと、それは追悼文作成の文化六年の「四年ばかりさき」の文化二（一八〇五）年であったこと、そこで賀茂季鷹《かものすえたか》の縁で「石川のぬし」と親しく交わりを持ったことが知られる。

もう一つは、「こぞの春まうでし時は（中略）とにかく深く交わらまほしなど言ひつつ、しばしだに疎からざりしに、おのれは葉月ばかりに帰り上りぬ」という部分で、「こぞの春」、すなわち文化五（一八〇八）年に江戸の「石川のぬし」を再訪し、旧交を温めたことが記されている。

前述のとおり、長方は金融を営む細野家の出身であるゆえ、商いの実務的な所用で江戸に赴いたのかもしれない。しかしながら、長方の江戸行きは、和歌などの文芸修養の機会でもあったのではなかろうか。この他に資料にも、長方が江戸に赴いたことを示す記述が見出される。長方にとって、その時々の江戸滞在は、文芸の道で文人たちと交流を深めた経験として、特に記憶に残るものであったのであろう。

●賀茂季鷹との交流

長方が江戸で「石川のぬし」と親交を結んだのは、賀茂季鷹を介してのことであった。季鷹は、当時、有名な国学者で、蔵書家でもあった。『国学者伝記集成』などによって、季鷹の経歴をまとめると、次のとおりである。江戸滞在の期間と季鷹の年齢は、『賀茂季鷹 富士日記の研究』（池田敏雄 一九七九）の推定による。

賀茂季鷹（宝暦四〔一七五四〕～天保一二〔一八四一〕年）は、上賀茂神社の社家の生まれで、歌人、国学者である。特に歌人として名をなした人物で、有栖川宮職仁《よりひと》親王に仕えて、親王から和歌の道の教えを受けた。安永元（一七七二）年、一九歳で江戸に下り、寛政五（一七九三）年、四〇歳で帰洛するまでの二〇年間を江戸で過ごしている。この間、村田春海、加藤千蔭、三島自寛らと親交を結んだ。この江戸在住の間に、和歌のみならず、国学を究め、様々な文芸に親しみ、教養を深めた。帰洛後は、賀茂の地で和歌をはじめとする多彩な文化活動を行った。また、季鷹は蔵書家としても知られている。著作に、『万葉集類句』、『伊勢物語傍註』、『正誤仮名遣』、『かりの行かひ』、『富士日記』などがある。

中路家旧蔵資料から知られる細野長方の活動は、文化四（一八〇七）年から文化一二（一八一五）年、賀茂季鷹は、寛政五（一七九三）年四〇歳まで江戸在住、その後、京都で活動している。ここから推測すると、長方は、季鷹が四〇歳で帰洛後、京都で教えを受けたのではないかと思われる。それにあたっては、長方の師、田山敬儀も、当然のことながら関わっていたであろう。こうした文人たちとの交流のさまを見ると、長方の活動は、もはや趣味の領域というよりも、国学者の一人としてのそれに到達しているように思われる。

古典世界への憧憬

●長方宛ての手紙

ここまで、細野長方の活動を中心に、江戸後期の文人の活動を見てきたが、最後に、長方周辺がどのような教養を持っていたかを紹介しよう。取り上げるのは、長方に宛てた一通の書簡である。全文を読みやすく整えて示すと次のとおりである（図8）。

とりがなく東よりかへり
給ひてのちはくれ竹の
よの事のしげきに
まぎれていとことごとしう
過し侍りしをまた
おぼしたちて天ざかる
ひなにくだり給ふとか
大かたもうき旅のならひ
なるをまいてこの比の
ひな路いかばかりにかは
旅衣かさねて越ゆる
あさゆふの
あらしの風も寒

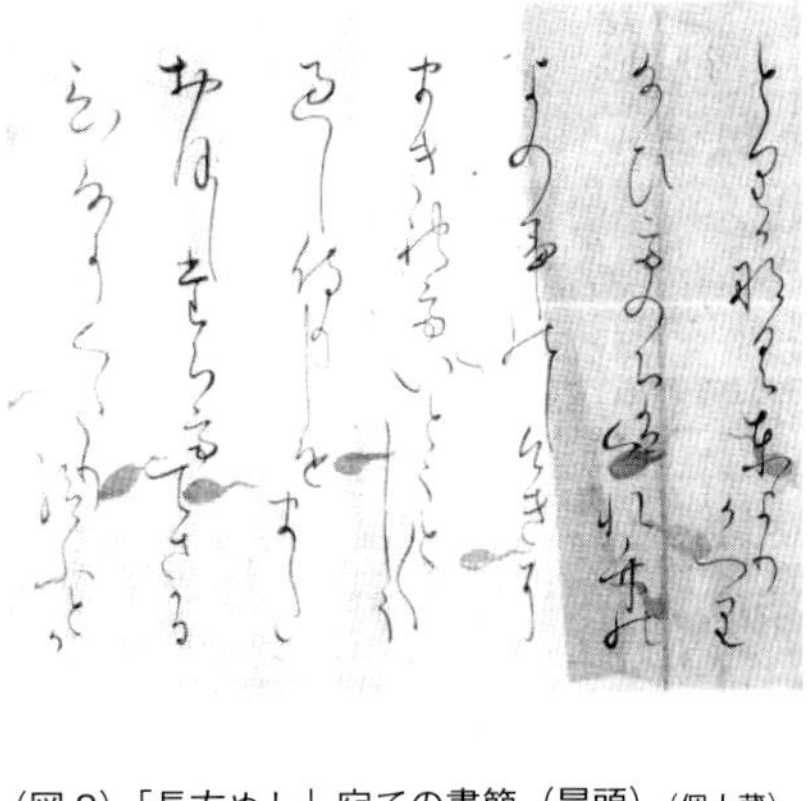

（図8）「長方ぬし」宛ての書簡（冒頭）（個人蔵）

からぬまて
常のつどひにもれぬ
大とこも古げにおはして
いとさびしき比なれば
かなたの事なしはててとく
かへり給ひねあな
かしこ
寛子
長方ぬし

淡い紫色の薄紙にしたためられたこの書簡は、「とりがなく東」、「くれ竹のよ」、「天さかるひな」など、枕詞を冠した歌語を織り交ぜて文面に雅趣を添えている。文章の後半、「ひな路」を行く旅人長方を思いやるところに和歌一首が見える。「旅衣かさねて越ゆるあさゆふのあらしの風も寒からぬまて」が、それである。大意は、「あなたが旅の衣を重ね着して越えてゆくこの旅路で、朝に夕に吹きつける嵐の風も寒くないように」というもので、身内宛の歌のためか、やや舌足らずな表現になっているが、旅路を行く長方のわびしさと、その帰りを心待ちにする我の寂しさとを詠む一首である。

この歌は、『古今和歌集』の「逢坂の嵐の風は寒けれどゆくへ知らねばわびつつぞ寝る」（雑歌下九八八、題知らず・読人しらず）を下に置いて詠まれている。逢坂の関に吹きつける嵐の風は寒々としているけれども、我が旅の行く先もあてにならないので、わびしい気持ちを抱いて一夜の宿りをする、という意で、我が身の行く末に対する不安と旅にある身のわびしさを詠んでいる。古今集に載るこの歌を踏まえて、自らの真情を託す一首に仕立てているところに、手紙の筆者の古典に対する教養の深さが垣間見られるのである。

末尾には差出人の署名が「寛子」と記されている。この女性がどのような人物かは不明だが、おそらくは長方に近しい縁者であろう。あるいは想像をたくましくすれば、この書簡そのものが長方の文学的な創作の一つであったのかもしれない。

●洛西地域の文化環境

本章では、江戸時代後期の人物、細野長方に光を当て、その事績と、そこから浮かびあがってくる教養の性格を紹介した。細野長方と、その業績を伝えた中路氏の営みは、江戸時代後期の洛西地域の人々にとって、古典文化を基盤とした和歌や漢詩文の教養があこがれの対象であったことをうかがわせる。その教養とは、平安時代の文学を源とする情趣豊かな文化の世界にほかならない。中路家の人々は、そのような伝統的な文化を志向する長方の活動を理解し、その世界を長方とともに楽しむ知識と感性を備えていたのである。中路家旧蔵資料に残された長方関係の文学資料は、裕福な商家の者が身につけた教養の所産であるとともに、洛西地域の在野の人々が大切に保持していた文化的環境を示すものであるといえよう。

参考文献

◎青木美智男　一九九五「地域文化の生成」『岩波講座日本通史　第15巻　近世5』岩波書店
◎跡見学園女子大学図書館デジタルアーカイブ https://trc-adeac.trc.co.jp/WJ11C0/WJJS02U/1171055100
◎池田敏雄　一九七九『賀茂季鷹　富士日記の研究』富士山大社小岳神社

◎井上通泰　一九三六『南天荘自筆』（「小沢蘆庵」及び「附、田山敬儀」の初出は一九三〇年、引用は『井上通泰』（島津書房、一九九五年）による）弘文荘
◎大川茂雄・南茂樹共編　一九〇四『国学者伝記集成』大日本図書、国会図書館デジタルコレクション http://dl.ndl.go.jp/info:ndljp/pid/992687
◎片桐洋一　一九九八『古今和歌集全評釈（下）』講談社
◎『館報』一七七号　京都府立総合資料館、二〇一三
◎京都府立京都学・歴彩館「京の記憶アーカイブ」http://www.archives.kyoto.jp/
◎久留島浩　一九九五「百姓と村の変質」『岩波講座日本通史　第15巻　近世5』岩波書店
◎小泉吉永　二〇〇五「百人一首と女子教育―江戸時代往来物にみる受容の具体相―」『関西文化研究』第三号　武庫川女子大学関西文化研究センター
◎『国書総目録　第6巻（と～ひ）』岩波書店、一九六九、補訂版一九九〇・二〇〇二
◎国文学研究資料館「日本古典籍総合目録データベース」https://kotenseki.nijl.ac.jp/
◎『古典籍総合目録　第2巻（す～わ）』岩波書店、一九九〇
◎佐佐木信綱　一九二三『近世和歌史』博文館
◎竹松幸香　一九九九「石黒信由の文化的相互交流」『富山史壇』一二九号　越中史壇会
◎中野稽雪　一九五四「えにしの歯車」『典籍』第一四冊
◎中村幸彦　一九八二「近世文人意識の成立」『中村幸彦著述集　第六巻』中央公論社
◎吉海直人　一九九九『百人一首注釈書叢刊1　百人一首注釈書目略解題』和泉書院
◎吉海直人　二〇〇八『だれも知らなかった〈百人一首〉』春秋社
◎『和歌文学大辞典』古典ライブラリー、二〇一四

Ⅲ 洛西の社会と文化

『神足月報』にみる洛西地域の総力戦体制

小林 啓治

『神足月報』の発刊と準戦時体制

●『神足月報』という地域メディア

長岡京市立図書館には、乙訓郡新神足《こうたり》村の『神足月報』（図1）という史料が保存されている。時期は、一九三五（昭和一〇）年から一九四一（昭和一六）年にわたっている。一九二〇年代を中心に、全国の少なからざる町村で「町報」や「村報」が発刊されたが、まとまった形で保存されている事例はきわめて少ない。また、町村報の発行主体は町村役場というのが一般的であるが、『神足月報』の編集・発行は、神足尋常小学校によって行われており、この点でも注目すべき事例である。この特性は内容にも影響している。発刊の目的に関して、創刊号は、村民の意見、村の計画や事業を通知することとあわせて、学校の教育方針や日々の行事、学校から父兄への希望を知らせることをあげており、ことに教育面での「学校と家庭の協同一致」を強調している。

それにしても、なぜ小学校が発行主体となったのだろうか。記事の中には「長い間待望して止まなかった学校新聞」という表現があるところをみると、かねてから「学校新聞」を発行する意向があったことがわかる。実際には「学校新聞」ではなく、学校新聞プラス村報とでもいうべき形式で刊行されたのだが、その直接の契機となったのは、一九三四（昭和九）年九月の室戸台風であった。この台風によって村は甚大な被害をこうむり、その復旧に多大な力を注がねばならなかった。その様子は次の記事に示されている。

神足月報
發刊に際して

（図1）『神足月報』の発刊（長岡京市教育委員会所蔵、筆者撮影）

昭和九年度は学校に取って全く思いがけない不幸な厄年でした。九月二十一日の猛台風は恐らく一生忘れる事の出来ない恐ろしい思い出でした。（中略）校舎の倒壊大破！　瓦、硝子、木片の、木の葉の様に乱れ飛ぶ中を五百の全校児童に一名の微傷者も出す事なく、無事避難する事が出来たのは、不幸中の幸でした。（『神足月報』一九三五〔昭和一〇〕年五月号）

復旧から復興へと進む中で、この機をとらえて学校新聞の発行が企図され、それに村当局が協力する形で『神足月報』ができたと思われる。

もう一つ、『神足月報』が刊行された大きな背景として、この地域の社会的状況がある。創刊号の冒頭で吉田音次郎小学校長は、「京阪神の工業の発達は驚くべきものがあります。かくして大京都市の郊外にある我が村も種々の文化的施設が施されて今や面目を一新せんとして居ります」と述べている。新神足村地域は大阪、京都間にあり、複数の鉄道と道路網の整備などによって「発展」期にあるとした記事もある。前出の吉田校長は、このような状況と結びつけて、「新日本の動向、即ち躍進する本村の姿に応じて教育の方向を決定し、一層有為〔意〕の村民を養成したいとの念願を強くするのであります」と述べている。

現存する『神足月報』は、おおまかに三期に区分できる。第一期は一九三五（昭和一〇）年の発刊から日中戦争勃発まで、第二期は日中戦争開始からほぼ一九三九（昭和一四）年まで、第三期は一九四〇（昭和一五）年以降である。第二期と第三期の境界は曖昧であるが、一九四〇（昭和一五）年は日独伊三国同盟の成立や大政翼賛会の結成など、国家的な規模で総力戦体制への深化がみられることから、第三期を設定するのがよいだろう。

●一九三五（昭和一〇）年の二度の水禍

『神足月報』発刊のすぐあと、新神足村は二度にわたって水害に襲われた。一度目は、一九三五（昭和一〇）年六月二九日のことであった。前日から降り始めた雨が夜半前から豪雨となり、四時半頃小畑《おばた》川の堤防が決壊して氾濫した。またたく間に、勝龍寺《しょうりゅうじ》・久貝《くがい》・神足《こうたり》区が濁流に呑み込まれた（図2）。前年の室戸台風を上回る大きな災害に見舞われたのである。ほぼ一か月後に発行された『神足月報』には、当然のことながら水害に触れた記事が多い（一九三五〔昭和一〇〕年八月号）。「青年団から」と題する記事は、午前四時半から小畑川決壊のために、勝龍寺区をはじめ神足・久貝両区は「寸刻を待たずして家屋へ浸水し、更に床上へ、そして庇へ、滔々《とうとう》として迫り来る水勢に何物をも持出し得ざるは勿論、避難の道さえ途絶する」と、その様子を記している。「役場通信」という記事は、水害後の衛生について、伝染病に対する注意を促し、井戸の清掃をすることなど、具体的な方策を示している。

紙面には、個人・団体や会社などからの見舞金の受領額と名前、慰問品の品目と寄贈者の名前、郡内各町村別救援隊の状況なども掲載されている。救援隊についてみると、久我《こが》村、向日《むこう》町、久世《くぜ》村、羽束師《はづかし》村、大原野村、大江村、大山崎村、乙訓村などの近隣町村から、国防婦人会、青年団、消防組、在郷軍人会などが参加していることがわかる。青年団と在郷軍人会の数が多く、この二つが救援隊の主力になっている。

児童の水害に関する作文もいくつか掲載されている。四年生男子Kは、寺へ避難したが、お堂も腰までつかるほど水が来て救援に来た舟で学校に移動し、九日は学校で寝泊まりした、と書いている。五年生女子Mも同様に、屋根の庇まで水が来て、救援の舟で救助された様子を描いている。

「水禍に描く美談の数々」という記事は、救助で活動した個人の活躍を描写している。村長、助役、巡査、役場吏員の当日の活動を記したあと、救助活動のために青年団員を指揮した青年団長、自己の所有する舟を出して救助活動にあたった人、決壊場所の修理作業にあたる村民に命の危険をかえりみず出水警報

（図2）1935年の水害（勝龍寺の集落）（『長岡京市史 本文編2』567頁）

を伝達した青年団員、罹災者に無料開放された風呂屋と理髪屋などが取り上げられている。

それからほぼ四〇日を過ぎた八月一一日、この地域はまたしても水禍に襲われた。一〇日から底の抜けたように雨が降り続き、一一日午前二時頃、勝龍寺・久貝・神足区はまたしても濁流に呑まれてしまった。復興さなかの二度目の水害によって、物的被害はもちろん精神的な打撃が心配された。

前号に引き続き、吉田校長は「再び起て　自力復興へ！」として水害からの復興の意義を論じている（一九三五（昭和一〇）年九月号）。ここでの重要なキーワードは「自力復興」である。吉田校長は、乙訓郡全体が被災し他町村の被害も甚大であるから、他からの救援の手を待つことは許されないとし、「自力復興の一途あるのみ」としている。「天災国」として著名な日本には、年々たたかれても勇敢に自然の暴威と戦って屈しない地方もあることを思い、「不撓不屈の精神を発揮すべき絶好のチヤンス」であるとも述べている。最後のほうでは、内帑金《ないどきん》が下賜されたことに感謝し「聖慮に副《そ》い奉らん」と述べ、「自力復興」が天皇への感謝と結びつけられている。その一方で、被災者が抱える生活の困難や問題などは、『神足月報』からはまったくうかがうことができない。被害がどれだけあったのか、具体的な数値をほとんど出さず、復興への意気込みをスローガンとして前面に打ち出した紙面は、編集の視点が一般村民の立場とは異なることをはからずも露呈している。

●第一六師団の「満州国」駐屯

第一期において次に目につくのは、第一六師団（京都師団）の「満州国」駐屯に関する記事である。同師団の一部は一九三四（昭和九）年四月から同地に駐屯しており、創刊号には、「兵隊さん」と題する三年生女子Kの作文が掲載されている。「天皇陛下のため、国のため一生けんめいに、満洲でひぞくとたゝかっていて下さいます事と思います」という一節が示すように、この作文は典型的な慰問文の体裁で書かれている。

また、この号には「中山村長の渡満の報」という記事があり、村長が駐満第一六師団将兵慰問のため渡満すること、七名の当村出身兵に対する、国防婦人会と青年団からの金一封と長岡天満宮御守札、児童の慰問文がことづけられることが記されている。同年七月号には、中山村長の「駐満郷土将兵慰問に使して」と題する記事があり、この渡満が、京都府総務部長を首班とする府会代表者、京都府兵事課長、府内町村長一四名からなる京都府慰問使の一員としてのものだったことがわかる。

駐満部隊の兵士からの通信も掲載されている。学校長や国防婦人会宛に届いた最初の通信は、「入営兵通信」として一九三五（昭和一〇）年七月号にまとめて掲載されている。三通のうち二通は、兵士に送られた『神足月報』のお礼を含めた近況報告であり、それらによると毎号送付することになっていたことがわかる。『神足月報』はすでに日中戦争以前において、村出身の駐満部隊兵士と村民をつなぐ媒体となっていたことに注目しておきたい。

●慰問文と兵士の応答

ここで、小学生の慰問文と兵士の応答について内容を詳しく紹介しておこう。まず、前者からみる。小学四年生男子Ｆの「満州にいられる兵隊さんへ」は、「暑い満州で働いてくださる兵たいさんのことを思い出すと、私はなまけていてはすまないと思います」と、兵隊の労苦に照らして我が身を振り返っている。そして「兵隊さん御国のためにつくして下さい。僕も大きくなつたら、満州の兵たいさんのようにきっとりっぱな軍人になって御国のためにつくそうと思っています」と結んでいる。これも、ほとんど定型化された慰問文である。

いま一つ、六年生男子Sの作文「満州の兵隊さんへ」をみてみよう。この作文は村の状況と自分たちの活動を具体的に報告している。雨が少なく、まだ田植えも少ししかできていないと述べたうえで、三年生以上が苗代の螟虫《ずいむし》（イネの害虫）取りに行ったことが書かれている。二日間で三五六匹取れたとあるが、螟虫取りは小学生の重要な地域奉仕であり、この後、戦時体制下でも勤労奉仕の主要な作業となる。このほか、四、五日前から蛍が出てきたので蛍取りが楽しみだとも書かれていて、兵士はそこから日常的な村の情景を読み取ったであろう。

送られてきた小学生の作文や絵に対して、兵士は学校や小学生宛に礼状を書いた。その一部が『神足月報』に紹介されている。返信は、○○さん、○○君、のように個々の児童に宛てられる場合が多い。「絵がお上手ですね、ありがとう」とか、「三年になられたら、○○君、又お手紙をくれ給へ」といった文言で、生徒一人ひとりに兵士の思いが届くような体裁になっている。「軍隊に居って便り〔慰問文〕を頂くのは丁度三津恵〔児童〕さんが母さんから美しい晴着を買っていたゞいた様〔なもの〕です」と、慰問文が届いたときの嬉しさが表現されたものもある。こうした礼状が、小学校や児童にとって慰問文に取り組む重要な動機付けになったことは想像に難くない。戦地（駐屯地）と郷土との間に、慰問文と礼状のサイクルがすでにできあがっていることに注目しておきたい。

兵士の返信は、毎号とはいえないが、二号に一回以上のペースで掲載されている。その内容は、満洲への出発前の歓送に対するお礼、無事到着したことや現在の任務の通知、戦闘の様相の描写などである。

●兵士の歓送迎

駐満部隊の送迎もさかんに行われた。たとえば、一九三五（昭和一〇）年一二月一二日、満州に派遣される五人の初年兵について、「全校生徒感激の万歳を浴びせて渡満兵を送った」という記事がある（一九三六〔昭和一一〕年一月号）。一九三六（昭和一一）年六月には北満警備にあたっていた部隊が帰還した。七月号の記事によれば、六月二五日午後一時五九分神足駅着の「凱旋列車」を迎えるために、駅頭には在郷軍人、国防婦人会、青年団、小学校生徒をはじめ各種団体および村の人たちが集まり、「白亜の大停車場をうずめる人の波」ができたという。二人の兵士が降車し、「村民達の熱狂的歓迎」のうちに母校へと向かい、奉安殿の前で全員「感慨無量言う能はざる心地にて起立した」。まもなく、村長、在郷軍人分会長、校長の挨拶があり、兵士は感謝の意を述べ「桃陵師団凱旋歌」の斉唱、万歳三唱で行事は終わった。

駐満部隊の帰還は一度に行われるわけではなく、数次に分けて実施された。同じ号の「国防婦人会だより」によれば、帰還部隊を乗せた列車が神足駅を通過するたびに、会員は歓迎に出向いた。その回数は、六月六日が四回、七日が二回、二〇日が七回、二一日が一回である。各区からは「農繁多忙」の折にもかかわらず、多数の参加者があったことを伝えている。こうした送迎の行事は、日中戦争開始以降、頻繁に行われることになるが、第一六師団管下では、本格的な戦争に突入する以前にそれが始まっていたのである。

●青年団員の主張

さて、第一期においてさらに注目しておきたいのは、青年団員の記事である。「感心すべき友岡支部の丸刈」という記事では、国家および村の未曾有の非常時にあたって、農村青年はすべからく丸刈であるべきだ、という意気込みで「友岡支部十三名が全部丸刈を決議実行した」と報じている。長髪は文化人のバロメーター、あるいは青年の象徴といった観念を否定したことが、「快挙」として賞賛されている（一九三六〔昭和一一〕年四月号）。

一九三七（昭和一二）年一月号からは、「青年団の頁」が設けられ、青年団員が書いた記事が掲載されるようになった。この頁には、冒頭で囲みの中に、青年団の指針というべきか、行動宣言というべきか、次の文が掲げられている。

暗雲低迷　祖国をおおう／恐れじ　我等／敢然立つて　正義の誇を／尽忠報国　我等は進む／我等は
皇国　日本の青年／不況の濁流　神村に迫る／驚かじ　我等／憤然立つて　邪悪を排し／自力更生
我等は進む／我等は神国　日本の青年

青年の自発性は水害や農業恐慌からの「自力更生」に集約され、それを皇国・神国への「尽忠報国」に固く結びつけていく論理が端的に示されている。

実際、この前後に掲載されている青年団員の投稿記事には、官製イデオロギーともいうべきものがほぼそのまま語られている。いくつか例を示しておきたい。勝龍寺支部「ＹＫ生」なる人物は、日本帝国は世界の五大強国の一つであるとし、領土はきわめて小さいが、「世界中一番強い国だ、一等国だと言い得る」と主張する。その理由は「神がお造りになった国」だからというのである（一九三六〔昭和一一〕年一一月号）。

南開田支部の青年Ｉは、わが建国の大精神に立ち返って「此の醜悪なる欧米崇拝の一時的偏見を捨て専ら日本精神の涵養に終始しなければならない」とする（一九三七〔昭和一二〕年一月号）。神足支部の青年Ｏは、「万一我が国威が傷つけられる恐がある時は国民たる者は身命を捧げて国家を防衛すべきである」（一九三七年二月号）と主張する。このほか、時間の厳守や汽車の乗り降りの際の礼儀など、日常生活における規律を説く投稿もある。

以上のように、青年の投稿は、国家が求める青年像をそのまま語っているにすぎず、その枠をはみ出すものはまったくない。つまり、『神足月報』は、それぞれの青年の思いをすくい上げるのではなく、もっぱら青年の教化・統制の媒体として機能していた。

●キーワードとしての「非常時」

第一期の分析として、最後に、日中戦争前夜の国際情勢を伝えているものをいくつか列挙し、要約する。

①（一九三六〔昭和一一〕年一月号）満洲事変を契機とした日本の躍進に一億同胞のことごとくが「痛快」という思いを抱いている。第一次世界大戦以来、転換過程をたどりつつあった国際情勢は、最近急転回するかの観があり、世界は今や「非常時」の渦中にある。わが国も内外多事多端であり、昨年から持ち越された「非常時」は容易に解消する気配はない。

②（一九三六〔昭和一一〕年四月号）ヨーロッパ、満露の紛争と国際政局は混沌としその帰趨は不明である。国家は今や「非常時」の渦中にあり、本村もまた同様である。われらは、教育勅語の趣旨を奉戴して、「強き、正しき日本人」としての「新神足村民の養成」にあたるのみだ。

③（一九三七〔昭和一二〕年一月号）暗雲は未だおさまらず、軍備問題の前途も楽観を許さず、「恐日、黄禍」の感情は依然として西欧諸国に拡がっている。この万邦無比なるわが国体が千万代の後にでも、「永久、永遠に、光栄あらしめるよう」努力しなければならない。

補足すると、①は、満洲事変以降を「溌剌《はつらつ》たる躍進」としながら、「非常時」が解消する様子がないという、両義的な気持ちを表現している。②は、国家の非常時と村の非常時を重ね合わせて議論している。③は、中国情勢、軍備問題など、日本を取り巻く国際情勢が厳しいことを強調し、「国体」の永久の保持に努力することを求めている。『神足月報』などの地域メディアは、「非常時」という言葉で社会情勢を語ることによって、常に緊張、規律、統制を強いる社会環境を作り出すことに貢献したのである。

日中戦争の開始と『神足月報』の変容

●日中戦争の開始と『神足月報』

一九三七(昭和一二)年七月七日の盧溝橋《ろこうきょう》事件をきっかけに始まった日中戦争によって、地域社会は総力戦体制に巻き込まれていく。ここから一九三九(昭和一四)年までの、第二期における『神足月報』の内容と役割を見てみよう。

日中戦争の勃発により、八月に第一六師団の動員が決定された結果、管下の地域社会ではいまだかつてない規模で在郷軍人の召集が行われた。兵士の歓送行事は小学校で行われることが多かったため、『神足月報』の編集を担う小学校は多忙を極めたはずである。「九月号より一大躍進を期する覚悟」であると記されているが、九月号はそれまでの半分以下の分量となった。

九月号冒頭の吉田音次郎校長による「所感」は、日中戦争の開始を次のように意味付けている。国民政府の「悪辣なる魔手は南支にのび、我が既得権は侵害され」居留民の生命はいよいよ危険となった。「単なる自衛的行動」に終始する限り、事態はますます悪化せざるを得ない。「東亜永遠の平和確立のため、断乎として暴戻《ぼうれい》飽くなき支那軍を膺懲《ようちょう》すべく」、皇軍は「正義の剣を取って立ったのである」。ここで早くも、単なる自衛ではなく「東亜永遠の平和確立」のための「正義」が掲げられていることに注目しておきたい。

また、この「所感」では、肉弾として笑って君国に殉じた勇士が、かつての自分たちの教え子であることを思えば、身を小学校に捧げた者の「誇〔り〕」これに過ぎるものはない、としている。こうして、これまでの小学校教育に自信を深めるとともに、今後「報国教育第一線」の職責を果たしていくことを誓っている。

●「挙国一致」「長期膺懲」

一二月号の吉田音次郎「所感」にもふれておこう。編集は一一月になされているはずだから、ちょうど日本軍が首都南京の攻略を目指し、上海の攻撃に全力をあげている頃である。「所感」は、今や当初の「不拡大局地的平和解決方針」が否定され、長期戦を想定した真の「挙国一致」、「長期膺懲」の準備が完了したと述べ、戦争の段階的変化を強調する。ただし長期戦といっても、本当の意味で長期を想定していたかは疑わしい。なぜなら、「皇軍進撃」の驚異的な速度によって、南京の陥落が時間の問題となったにもかかわらず、今なお長期抵抗を夢見ているとして、蒋介石をあざ笑っているからである。実のところ、長期戦といいつつも、早いうちに皇軍が勝利することに絶大な期待を寄せた楽観論の域を出ていない。

この楽観的観測に根拠を与えたのは、一一月にイタリアが日独防共協定に加わって、日独伊防共協定が成立したことであった。「所感」は、これによってわれわれの喜びと心強さは倍加されたとし、「欧州における新興強国独伊との固き握手は、その崇高な理想の下に世界をリードして、必ずや近き将来に永遠の世界平和を招来する前兆」であることを信ずる、と述べている。そして最後の方では、新神足村は「こゝ数年来不況の克服に、経済更生に邁進して来たのであるが、事変発生以来中山村長の指導〔の下〕にあらゆる機関団体を総動員して挙村一致銃後の護《まもり》に着々その効果を収めつゝあり」とし、経済更生運動をそのま戦時体制に結びつけようとする意図をのぞかせている。

●銃後活動のモデル

一二月号には、具体的な銃後活動の記事もある。「古市区の銃後の活動」がそれである。この記事は、今後の戦争は単なる武力戦ではなく、「経済戦、思想戦の弾丸」が銃後のわれらに飛来することを認識しなければならないとして、銃後を守る責任を強調し古市区の活動を紹介している。史料を要約しておこう。

一、勤労報国
時局に際し国家総動員の折から、各自が自分の職業に精励し、区民一致協力・勤労報国の実を挙げることに努めつつある。

二、勤労奉仕
事変以来農事は日を追って忙しくなり、目下収穫期の大繁忙であるが、出征者を出した「誉《ほまれ》の家」に対し、副区長を委員長とし、軍友会・在郷軍人会・消防組・青年団・国防婦人会等各種団体の役員を委員として勤労奉仕の計画を定めて実行し、出征兵士に後顧の憂いなきよう一意専心勤労奉仕に努めている。

三、祈願式
毎月一日、十五日、氏神小倉神社において皇威宣揚・皇軍の武運長久を祈願。各戸一人以上参列し祈願黙祷を捧げる。

四、愛国貯金

信用組合の新計画に協力し組合員漏れなく愛国貯金を行うことに決定。
五、献金
村当局の方針と協力し区民が応分の献金を行う。
六、出征家族への慰問
七、出征兵士への慰問

こうした取り組みは全国津々浦々で一斉に行われたもので、新神足村でも各区ごとに同様の取り組みが行われたはずである。

これに関わって、「愛国貯金」についてのみ補足しておきたい。これまでの総力戦体制研究では、一斉に、かつ半強制的に行われた貯金についてあまりふれられていない。だが、貯金は、各戸が戦時経済を支えることによって戦時体制に組み込んでいくものであり、軽視できない役割を果たしている。その仕組みは次のようなものであった。産業組合の「組合便り」によれば、新神足村で「報国貯金」（先の「愛国貯金」と同一）に主体的に取り組んだのは産業組合である。この記事は、臨時議会で約三〇億円の事変予算が成立し、産業組合は三〇〇〇万円の国債を引き受けることになったこと、このうち京都府信用組合連合会が三〇〇万円を引き受け、新神足村産業組合には二万四二〇〇円の割当てがあったことを知らせている。村への割当ては、当然組合員への割当てとなる。組合員は個別に国債を買うのではなく、協同の力によって国債に応募するために、多少にかかわらず信用組合に報国貯金を行うこと、その手立てとして、報国定期貯金と報国積立貯金の二種の貯金を新に設けて取り扱うことになったとしている（一九三七年〔昭和一二〕一二月号）。

●兵士と村民・児童をつなぐ『神足月報』

日中戦争開始から数か月で大規模な軍隊の投入が進み、大わらわとなった地域社会は、一二月中旬には熱狂の頂点を迎えることになる。一二月一三日に南京陥落の報が届くと、一四日には全国的規模で提灯行列が行われた。翌月号に掲載された記事は、昼には乙訓郡こぞっての旗行列が行われ、夜は「村内大提灯行列」が挙行されたとしている。具体的には、「午前九時に、名も勝山の社頭に郡内各種団体長、有力者、学童其の他手に〳〵歓喜の旗を打振りて参集、社前を紅白の海と化し」、式典終了後には、新神足村小学校児童は北開田から村を一周したと記されている。行事は夜も続き、午後六時半からは、紅提灯を持った人々が学校に集合し、各氏神へ戦捷《せんしょう》報告を兼ね祝賀の提灯行列を行った。村内いたる所で万歳の声はとどろき、闇は「火の海と化した」と伝えている（一九三八（昭和一三）年一月号）。

年が明けて、一九三八（昭和一三）年一月号（図3）は、皇居二重橋の写真の上部に陸軍旗の上半分を色つきで配置した、目を引くレイアウトになっている。二重橋の写真の左右には、それぞれ「祈武運長久」と「祝皇軍大捷」の文字が置かれている。また、この号では、「陣中だより」の頁が設けられ、新神足村出身将兵から届いた第一信一六通のうち九通が掲載されている。そのほとんどが小学校宛である。内容は、出征時の歓送に対するお礼、軍務に精励する覚悟、慰問文への感謝など

No. 1　第三十號　神足月報　一月號
神足月報
祝皇軍大捷
祈武運長久
正月の俳句

（図3）日本軍の戦勝を祝す（『神足月報』1938年1月号）

であるが、「三回戦火を交へ、その内一回は十時間の激戦を致し、負傷者五名を出し大変残念です」と簡潔に戦争の様相を語ったものもある。

児童の兵士への作文も恒常的に掲載されていくが、日中戦争以前に「満州国」に駐屯した兵士に宛てたものとさほど変わらない。「歓呼の声に送られて出征なさった強い日本の兵隊さん。何百里はなれた戦場で国の為に働いて下さる勇ましい兵隊さん。毎日の新聞で連戦連捷して下さいますので日本に居る僕ら国民は嬉しくてたまりません」（五年生男子）といった具合である（一九三八〔昭和一三〕年一月号）。

前述のとおり、小学生の作文の多さは『神足月報』の重要な特徴であり、そのことが特別に編集される慰問号の内容の多彩さに大きく貢献している。他の村報と比べて、内容はかなり充実しており、兵士と郷土とのやりとりは濃密であった。一つだけ事例を紹介しておきたい。「戦線と銃後を結ぶこの勇士！　この少女」と題する記事（一九三九〔昭和一四〕年一〇月号）は、新神足村出身の兵士から小学校長に宛てた礼状を紹介している。それによると、届いた慰問袋の中に一〇銭があり、二年生女子のIさんの手紙が入っていたという。手紙には「ワタシガ、オカシモタベズニタメタオ金デス。オ馬ニナニカ、カツテアゲテ下サイ。」とあったので、この兵士は現地の中国人をそのお金で一日雇い、青草をたくさん刈らせて馬に与へ、Iさんに礼状を書いたという。以後、Iさんからは、幾度となく便りが届けられるので、自分は勇気づけられたが、それればかりでなく、数か月間毎日のように新聞が送られてくるので、部隊員一同感激して拝読させてもらっていると述べている。この美挙を学校に知らせ感謝を伝えたい、というのが兵士の礼状の趣旨である。

●国民精神総動員のツール

児童の教育に関わって、一月号には、帝国在郷軍人会新神足村分会と神足尋常小学校の連名で「御尊影袋に就いてのお願い」という記事が掲載されている。それによると、学校から児童に「御尊影袋」が配布されていることがわかる。この袋には、新聞、雑誌などに掲載される皇室・皇族の「御尊影」を切り取って入れることになっており、毎月二〇日、児童に「御尊影袋」を渡すことになっていた。児童を経由して各家庭で「国体明徴」を実践させることが「御尊影袋」の役割であった。

このように、日中戦争を契機に、『神足月報』は学校新聞的な色彩を薄め、村の総力戦体制を構築するメディアとしての機能を前面に打ち出していく。こうした傾向は、他の地域の村報にも等しく確認される。ただ『神足月報』の場合は、小学校が編集しているだけあって、国家総力戦に向けて精神的動員の一端を担おうとする傾向がより顕著であった。その点に関わって、情勢認識を説いた代表的な記事をいくつか取り上げておきたい。

まず、一九三八（昭和一三）年二月号の「国民精神総動員の意義」をみてみる。この記事には署名がないので、転載だと思われる。記事の趣旨は、武力戦はいつか終末を迎えるが「外交戦、経済戦、思想戦」に至ってはいつ終わるともわからないから、第一線の「将兵武力戦」とともに、銃後の国民が「挙国一致」「尽忠報国」の精神を発揮し、「堅忍持久」によって所期の目的達成に邁進しなければならない、というものである。また、「武力戦に勝つ」だけでなく、「その後に来るもの」――外交戦、経済戦、思想戦――を克服するために、「全国民一致の実践大行進」を強調している。

次いで、同年七月号には「非常時局と国民精神総動員　貯蓄報国」という記事がある。今後一年間で八〇億円程度を目標として国民貯蓄の増加を図るという政府の方針を解説したものである。この号で興味深いのは、「郵便局の窓から」として神足郵便局が作成したと思われる数え歌が載っていることである。簡易保険や貯金を奨めているのだが、「貯蓄報国」を親しみやすい数え歌で印象付ける効果を発揮している。

●「国家総力戦の戦士」

それから約半年後、一九三九（昭和一四）年一月号は、冒頭に「興亜の新年を祝して」と題する記事を載せている（図4）。その主張は、「亜細亜平和の建設は我等の手で……之が亜細亜の盟主国、日本に課せられた使命であり我等の理想である事は言を俟たず、今聖戦の意義もこゝにある」という部分に集約されている。一九三七（昭和一二）年九月号の「所感」が述べていた「東亜永遠の平和」を、全面的に、そしていっそう主体的に展開した内容である。「亜細亜をくいものにせんとする列強の飽くなき魔手は愈々《いよいよ》露骨に迫らんとするは火を見るよりあきらかである」とし、列強との対抗における「興亜」の「盟主」として、日本が位置付けられている。この記事は、扇情的な文体が特徴であり、記事の上部に陸軍旗上半分、下部に寄せ書き日の丸とが配され、紙面のレイアウトが強いインパクトを放っている。

さらに半年後の一九三九（昭和一四）年七月号には、「興亜記念日を迎へて――我等は国家総力戦の戦士なり」という記事がある。この記事には出所が示されていないが、大部分は陸軍省情報部が作成した『国家総力戦の戦士に告ぐ』（一九三九（昭和一四）年）に依拠している。「これからが本格的な長期戦であり、国家総力戦であります」という箇所、「此の事変に失敗すると我が国民は総倒

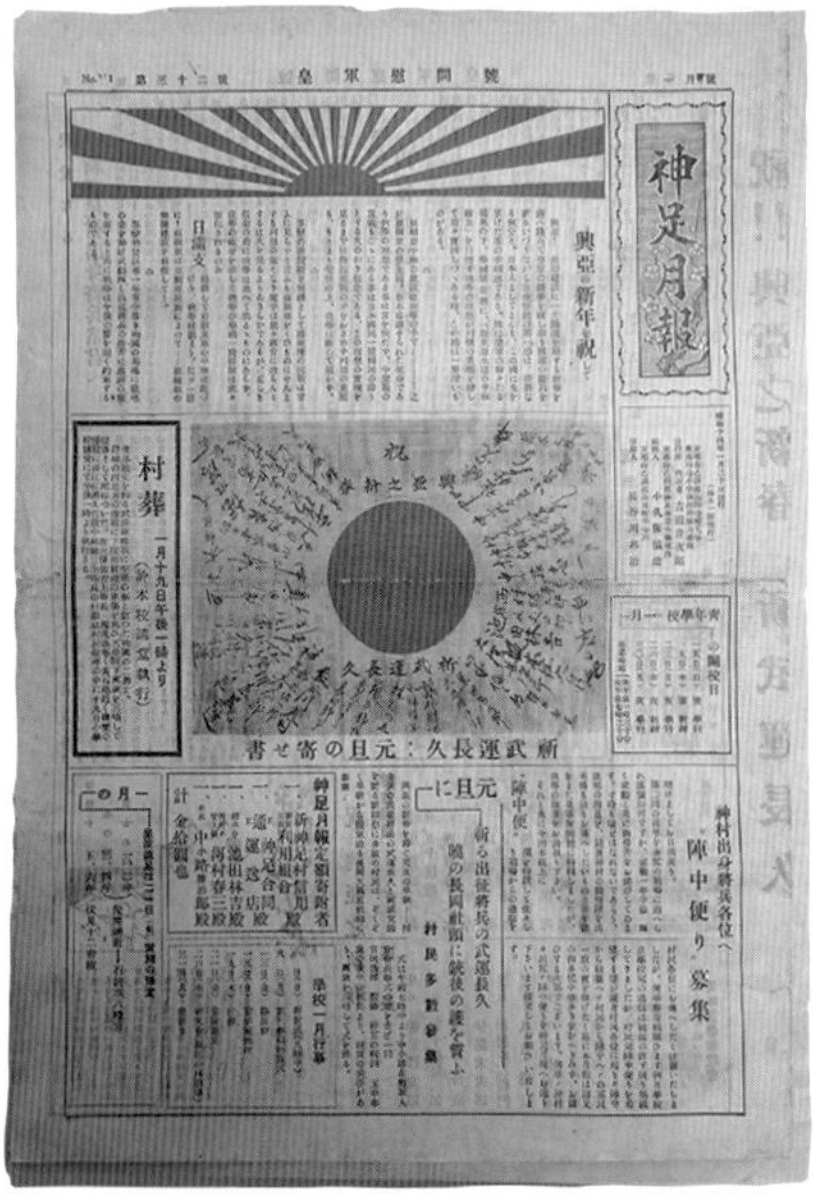
神足月報

興亜の新年を祝して

村葬

新武運長久

元旦の寄せ書

（図4）「皇軍慰問号」（『神足月報』1939年1月号）

れになり、国の繁栄は言うまでもなく個人の繁栄も幸福も消え去って了《しま》います。我が国が此の様になると亜細亜の諸民族も亦共倒れとなります。之と反対に此の事変に成功すると大和民族の為には勿論の事、東亜の諸民族の為に新しい天地が開かれ其の安寧と繁栄と幸福が約束されているのであります」という箇所は、ほぼそのままの引用である。

『国家総力戦の戦士に告ぐ』は、編集者に強い影響を与えたようで、次の八月号には、その要約を継続的に掲載するという予告とともに第一回目の要約が載っている。多くの人が抱いていると思われる疑問に対して一定の答えを与え、行動の指針を具体的に示しているこの冊子が、紹介の意欲をかきたてたのであろう。そうした問いの発生に対応しなければ体制がもたないという、長期戦の深刻化が露呈してきたともいえる（図5）。

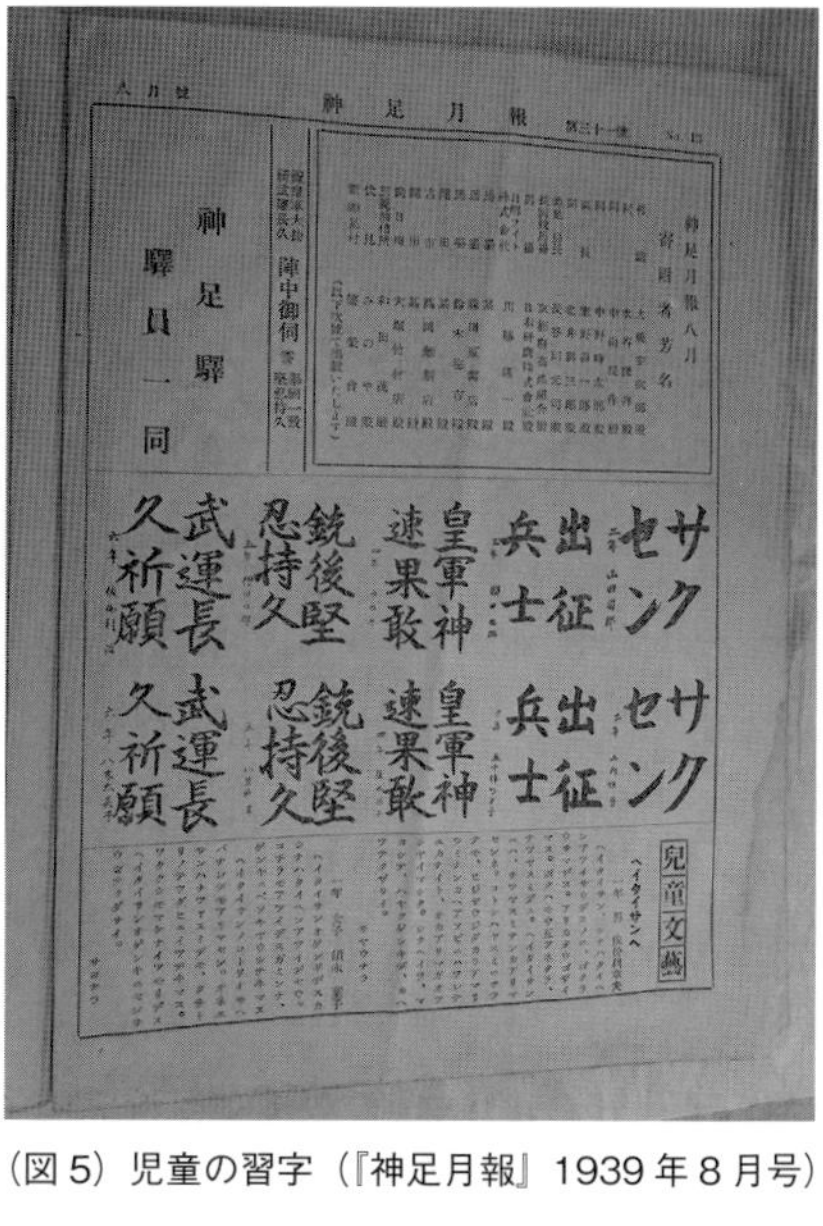

（図5）児童の習字（『神足月報』1939年8月号）

新神足村における総力戦体制の強化と『神足月報』の役割

●皇紀二六〇〇年

本節では、一九四〇（昭和一五）年以降の『神足月報』の内容を考察する。先述のとおり、第三期の区分はあくまで便宜的なもので、一九四〇（昭和一五）年になるとがらりと内容が変化するというわけではない。とはいえ、いくつかの特徴もあるので、それを示す記事を中心にみていきたい。

まず留意しておかねばならないのは、この年が皇紀二六〇〇年として奉祝ムードで迎えられたことである（図６）。一月号は「興亜二千六百年　興亜の新春を迎へて」と題して高田覚次郎小学校長の記事を掲載するとともに、長岡天満宮で行われた「皇紀二千六百年奉祝式」と「出征将兵武運長久祈願祭」の記事を載せている。それによると、元旦の朝、午前七時から長岡天満宮で宮城遙拝、黙祷、神官の新年誓詞、村長の新年誓詞玉串奉奠の後、天皇陛下万歳を三唱して式を終わったという。

五月号には、「二千六百年・奉祝記念」と銘打たれた「児童大学芸会」の記事がある。「主催、後援」としてあがっているのは、新神足村女子青年団、新神足村、神足小学校、新神足村国防婦人会である。プログラムは、（一年）ポチのお手柄、（二年）舌切雀・後日譚、（三年）先生の出征、（四年）お父さんは出征中、（五年）決別のハンカチ（梅林中尉）、（六年）軍国の母、となっており、三年生以上はすべて軍国美談劇とでもいうべきものである。こうした文化行事が二千六百年記念として行われるところが、純農村とは異なる都市近郊の村ならではの特色といえよう。また、小学校を中心とした行事である点に、小学校が

（図６）紀元二千六百年記念乙訓郡合同祈願祭
（神足小学校所蔵、長岡京市寄託）

実質的な村報を発行しているこの村の特性がよく現れている。

第三期の少し前、一九三九（昭和一四）年後半あたりから、毎号ではないがたびたび戦死者の記事が掲載されるようになる。一九四〇（昭和一五）年七月七日は、「聖戦三周年」の「七・七記念日」として、小学校で「戦没勇士合同慰霊祭」が行われた。これは通常の村葬ではなくて、日清戦争以降のすべての「戦没勇士」を弔うもので、遺族を招待し、講演と余興を組み合わせた形で実施された。上海・南京・漢口攻略で武勲をたてた横溝中尉の講演のほかに、夜には、東本願寺布教師平山義人が「殉国精神」の題目で講演を行った。記事には「深い感銘を覚えた」とある（一九四〇〔昭和一五〕年八月号）。

●一九四〇（昭和一五）年の防空訓練

このように、第三期の『神足月報』は村の総力戦体制が着実に深まっていくさまを反映しているのだが、あと二点、その重要な契機をあげておきたい。

その一つは、九月二日に行われた「昭和十五年度第二次京都府防空訓練」である。今回は特に、警報伝達、燈火管制、家庭防護組合の消防訓練を重視して実施されたという。訓練の総括では、警戒警報などの四種類の警報の意味について理解が不十分であること、「管制利用具」の準備もない家があることなどが指摘されており、日常生活全体への統制が厳しくなっていることがうかがわれる。このことを報じた記事は、前年一〇月に設立された家庭防護組合を「戦場に於ける第一線・守備歩兵」と位置付けており、「警防団が来なくとも家庭防護組合だけで防護上の諸般の防災が終始完結し得るものであらねばならぬ」と述べている。この防空訓練に続いて、一〇月一日には全国的防空訓練が予定されていることも告げられ、「銃後の護りを鉄壁」にしようという提唱で記事は終わっている（一九四〇〔昭和一五〕年九月号）。

なお、新神足村の家庭防護組合の数は明らかにされていない。「○○組合設立され組合戸数○○○戸により隣近所の災害防止の団体が生まれました」と記されているだけである。○○が実際の数字の桁に即していると考えれば、一つの組合を構成する戸数は百以上となるから、農村部に比べるとかなり多い数値である。

●新神足村大政翼賛会

総力戦体制の構築にあたって、今一つの契機となったのは、新神足村大政翼賛会支部の結成である。結成式は一九四一（昭和一六）年二月一一日に挙行された。その様子を書いた記事を引用しておこう。

昨年末、大政翼賛会の最下部国民組織〝隣組〟が誕生して、隣保団結、万民翼賛の新出発をした本村では、新しい年を迎へて早々各区に部落常会を結成、折からの寒波を冒して早くも荒蕪地、藪地の開墾に、麦、代用食等の種まきに力強い実践活動を開始したが、五千村民待望の村支部結成式は、二月十一日紀元節の佳き日を卜して挙行――村史に特筆さるべき村の翼賛体制はこゝに全く完成されたのである。

（表１）新神足村大政翼賛会組織（人名は省略した）

村常会		
町村支部役員	支部長	村長
	副支部長	助役
	理事	6名
	協力会議員	25名
部落常会		馬場部落常会 古市部落常会連合会（古市第一部落常会）（古市第二部落常会） 神足部落常会 勝龍寺部落常会 久貝部落常会 調子部落常会 友岡部落常会 開田部落常会 奥町部落常会

この記述は、新神足村における隣組、部落常会、大政翼賛会支部の結成の流れをよく示している。同じ頁には下段に「新神足村大政翼賛会組織」という表が掲載されている(表1)。

総力戦体制と村の組織化という点で、もう一つ補足しておきたい。一九四一(昭和一六)年四月二九日の天長節に、新神足村青少年団が結成されたことである。既存の新神足村青年団、新神足村女子青年団、松風工業の青年団、日本輸送機の青年団、神足少年団を単位団として、新神足村青少年団が新たに結成されたのである。これは、国家規模の青年団・女子青年団の再編を各地域におろしたもので、実態としてこれまでの活動がどの程度統制されたのかはよくわからない。ただ、村長を団長とする青少年団が各単位団を糾合する形式をとったという事実そのものは、軽視されるべきではないだろう。

●軍需と結びついた工場進出

以上のような村の組織化や再編とは別に、この時期の『神足月報』に特徴的なのは、工場進出に関する記事が散見されることである。

先にみた一九四〇(昭和一五)年八月号は、慰問号として編集されているが、兵士への近況報告の中に、「未曾有の非常時渦中、次々に大工場が出現して他村に見られぬ躍進的発展を遂げつゝある事は大きな喜びである」という記述が見られる。

同号には、「神村工場の横顔」という記事もあり、日昭ライト工業、松風工業、日本輸送機、明治製菓が紹介されている。このうち松風工業は電気絶縁用陶磁器などを生産する会社であるが、一九三九(昭和一四)年三月に新神足村に工場を増設している。日本輸送機は蓄電池を用いた機関車などを製造する会社で、もともと日本輸送機製作所として大阪市北区に本社と工場があったが、一九三五（昭和一〇）年に新神足村に移転した。さらに、一九三七（昭和一二）年には「国策的資源」の増産を見込んで日本電池がその事業を継承し、日本輸送機株式会社となった。先にみたように、松風工業と日本輸送機は単独で青年団を組織できるだけの規模であった。日中戦争に伴って国策的工業の拡大の波が、新神足村に及んでいることが見て取れる。

現在保存されている『神足月報』は、一九四一（昭和一六）年九月号までである。この号では終刊の予告などは一切みられないので、おそらくその後も発行され続けたと思われる。アジア・太平洋戦争が開始されるとどのような紙面になっていくのか興味はつきない。

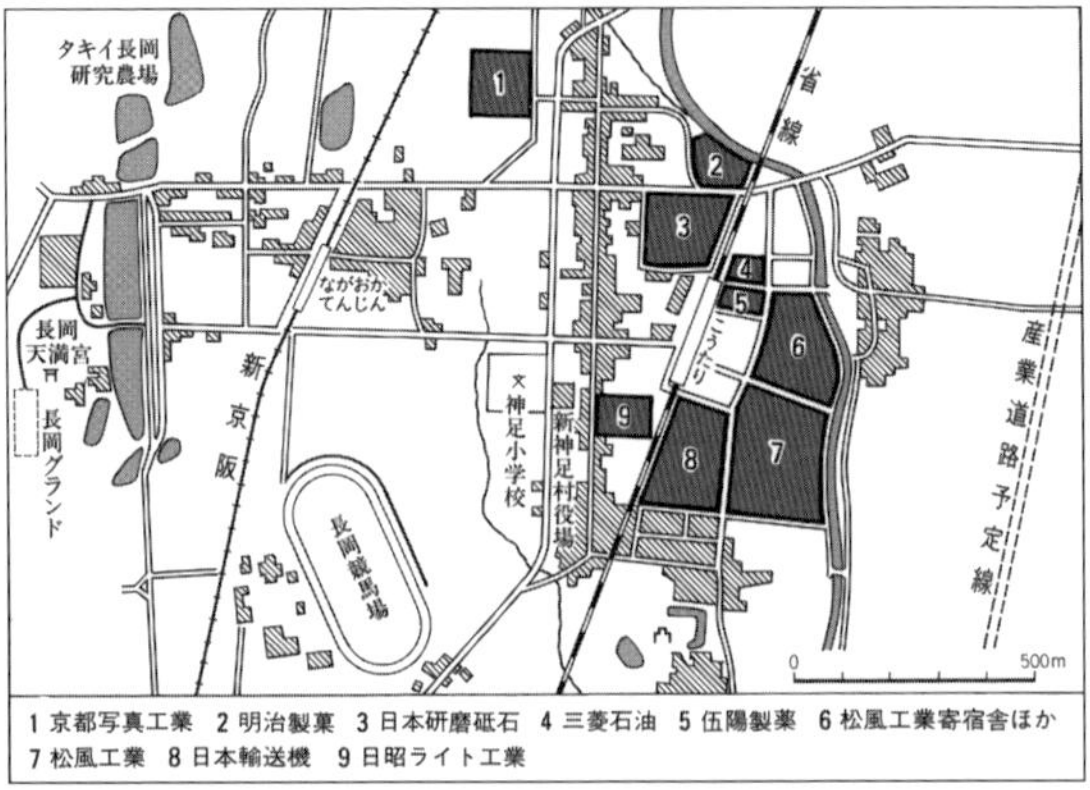

（図7）神足周辺の工場（1940年頃）（『長岡京市史　本文編2』580頁から転載）

おわりに

本章で対象とした時期の乙訓地域は、農村と都市の中間的な様相を呈していた。純農村部では、村を統合する紐帯は、二宮金次郎に結びつけられた報徳思想であったが、この地域ではその影響力は小さかったように思われる。『神足月報』の編集体制に表れているように、村の思想的リーダーは小学校長であり、学校教育が村の統合に大きな役割を果たした。戦地の兵隊と郷土の交流サイクルは、学校と児童を組み込んで形成されていた。学校教育を熱心に推進しようとすればするほど、深く国家総力戦に組み込まれ、加担していくという、蟻地獄のような体制が作られていったのである。

新神足村の一帯は、鉄道や道路網の整備と、大阪と京都の間という地の利があいまって、工場が集積され、にわかに工業化が進んだ。この地に居住する人々の間には、村の「発展」を誇らしく思う心情も共有されつつあった。だが、皮肉なことに、そうした工業化は戦争の拡大とともに軍需生産と結びつき、戦争の終盤には米軍機の攻撃の対象となる運命を招き寄せてしまった。一九四五(昭和二〇)年七月一九日の神足空襲では一人の女性の命が奪われた。それからひと月もしないうちに、大日本帝国は連合国に降伏した。

参考文献　＊史料引用にあたっては、読みやすさに配慮して旧仮名遣いを新仮名遣いに改め、適宜句読点をほどこした。

◎大串潤児　二〇一六『「銃後」の民衆経験』岩波書店
◎河西英通　二〇一〇『せめぎあう地域と軍隊』岩波書店
◎小林啓治　二〇一六『総力戦体制の正体』柏書房
◎長岡京市史編さん委員会　一九九七『長岡京市史　本文編2』

Ⅲ　洛西の社会と文化

コラム７

神足空襲

小林 啓治

　一九四五（昭和二〇）年七月一九日、硫黄島を発進した米陸軍のＰ51戦闘機が、数十機で近畿地方に侵入した。いくつかの文献や証言では艦載機とされているが、福林徹氏は近年の研究で、Ｐ51が艦載機というのは間違いで、硫黄島から発進したとしている（福林徹 二〇一六）。

　午前一〇時過ぎに、そのうちの二機が天王山方面から現在の長岡京市付近に飛来し、神足駅（現・ＪＲ長岡京駅）周辺の工場群や民家に機銃掃射を加えた。

　この年の三月から始まった焼夷弾を大量に投下する無差別爆撃は、六月以降、攻撃目標を大都市から中小都市に移していた。七月中旬といえば、すでに中小都市の破壊もかなりの程度進んでいた頃である。それにしても、なぜ、現在の長岡京市付近が攻撃されたのか。おそらくその理由は、この地域が大阪の近郊にあり、少規模ながらも工業地域の様相をあらわにしてきたからであった。

　実際、当時の神足駅周辺には、日本輸送機、松風工業、住友ベークライト、三菱製紙、日本研磨などの工場が建ち並び、軍需品を製造していた。このうち、松風工業は、軍の要望もあってそれまでの碍子《がいし》の製造をやめ、「ろ水機」と呼ばれる水を濾過する素焼きの筒と、「マルロ」という弾薬をつめる兵器を作っていたという。「ろ水機」は日本軍が戦地で用いるためのものであり、こうした軍需品の生産は、疎開してきた陸軍軍医学校の大尉によって管理されていた。

　一方、日本輸送機の工場は人間魚雷「回転」の部品を製造していた。この工場の高さ二〇メートルの高い煙突が、米軍機の攻撃目標になったものと思われる。

　この銃撃で、日本輸送機に勤める岡田弘子さんという一六歳の女性が死亡した。ほかに松風工業と三菱製紙の従業員三名、周辺民家の婦人一名、子ども一名が負傷した。『京都新聞』（一九七三〈昭和四八〉年八月一五日付）は地元の「京都空襲を記録する会」による神足空襲の調査を取材した記事の中で、「動員学徒の命奪う」という見出しをつけ、岡田さんは学徒動員によって日本輸送機で働いていたとしている。

　日本輸送機には、この時期、学徒動員で約二〇〇人の生徒が来ていていたらしい。右肩から左肺にかけて弾が貫通した岡田さんは、日本輸送機のトラックで東福寺にある第一日赤病院に運ばれ、「死ぬのはいやや」と、繰り返し姉にいったという。結局、第一日赤病院では応急処置を受けただけで府立病院（京都府立医大病院と思われる）にまわされ、午後二時半に亡くなった。

向日市にある墓地の石碑には、戦争の犠牲となって死んだことを記憶し、その死を無駄にしないように、姉のヒサ子さんによって「機銃掃射により戦死」と刻み込まれている。

三菱製紙の負傷者の一人は銃弾が膝を貫通し、岡田弘子さんとともに第一日赤病院に運ばれたが、府立医大病院へとまわされ、約七〇日間入院した。子どもの負傷者は数え年四歳の幼児で、家の中にいたところを銃撃されたが、幸い重傷ではなかった。母親の証言によれば、勝手口から空をみあげると戦闘機が見えたという。このとき、弾は頭の横を通り過ぎ、たんすを対角線につきぬけ、たんすの中に靴下に包まれたようにして残っていた。たんすをくり抜いた穴は三発だった。ちなみに、松風工業では銃撃のあと調べたところ、六〇発あまりの弾痕が残っていた。

日本輸送機の煙突には生々しい銃弾の跡が多数のこされていたが、一九八七年に老朽化のために取り壊された。代わりに一九八九年、長岡京市によって煙突を五分の一に縮小した模型の「平和記念碑」がJR長岡京駅東口に建てられた。なお、長岡京市は七月一九日を世界の恒久平和を目指す「平和の日」と定め、毎年献花と慰霊の行事を行っている。

弾痕が残る日本輸送機の煙突（取り壊し前）
（『長岡京市教育委員会所蔵）

参考文献
◎福林徹　二〇一六「乙訓の戦争遺跡」『乙訓文化遺産』第二〇号　乙訓の文化遺産を守る会
◎京都空襲を記録する会　一九七四『かくされていた空襲』汐文社

あとがき

本書の構成は、基本的に既刊の『京都を学ぶ【洛北編】』および『京都を学ぶ【丹波編】』、『京都を学ぶ【南山城編】』の方針を踏襲し「洛西の文化資源」を発掘することを主眼とした。従って既刊の三冊と同様に、決して網羅的・目録的な紹介を目指したものではない。しかしながら、本書の執筆に御参加いただだいた研究者の目はやはり多様な文化資源に向いていることとなった。

Ⅰ「桂川流域の洛西」では、まず欠かせない、桂川そのものと渡月橋をはじめ、自然の特徴や洛西を代表する竹林および竹、さらに物集車塚古墳や、著名な庭園と建造物を取り上げた。ついでⅡでは、「洛西の寺社」を取り上げた。木島神社（蚕の社）、大原神社、清涼寺、松尾大社など、いずれも著名な寺社であるが、それぞれの特徴的な歴史の一端が紹介されている。Ⅲでは一転して、「洛西の社会と文化」に目を向けて、中近世から現代に至る諸相を対象としている。テーマは多様であるが、中近世以来洛西を舞台にして活躍した中路氏・神足氏・細川氏などが、まず取り上げられている。続いて洛西の近世文人たちの交流や、近代に入ってからの戦時体制や空襲を巡る神足地区の詳細な記録が取り上げられている。

繰り返しになるが、本書で取り上げた事象は、洛西の文化資源のごくわずかな側面でしかない。

しかし本書を契機として、多様な文化資源の様相に関心を向けていただくことができたなら、本書の目的の大半は果たしたことになる。

本書の出版をお引き受けいただいたナカニシヤ出版に、特に編集実務をご担当いただいた石崎雄高氏に改めて深謝したい。研究会についてまた本書について、万事にコーディネーターとしてご尽力いただいた、京都府立京都学・歴彩館の川口成人氏、杉本弘幸氏、寺嶋一根氏、吉岡直人氏には、末尾ながらお礼申し上げたい。

なお、表紙カバーの鳥瞰図風の地図は、吉田初三郎による京都を中心とした巨大なものの洛西部分である。一九二八（昭和三）年の御大典を記念して、京都府が作製を依頼したものである。京都学・歴彩館の京都学ラウンジに展示してあるので、ぜひご覧いただきたい。

京都学研究会代表　金田章裕

京都を学ぶ　洛西編　執筆者紹介

金田　章裕（きんだ　あきひろ）
京都府立京都学・歴彩館館長。京都大学名誉教授。専門は歴史地理学。
著作／『古地図で見る京都』（平凡社、二〇一六年）ほか。

諫早　直人（いさはや　なおと）
京都府立大学文学部准教授。専門は東北アジア考古学。
著作／『東北アジアにおける騎馬文化の考古学的研究』（雄山閣、二〇一二年）ほか。

寺嶋　一根（てらしま　いね）
京都府立京都学・歴彩館　京都学推進課。京都府立大学共同研究員。専門は日本近世史。
著作／『伊賀市史　第2巻　通史編　近世』〔共著〕（二〇一六年）ほか。

町田　香（まちだ　かおり）
京都造形芸術大学非常勤講師、同日本庭園・歴史遺産研究センター嘱託研究員。専門は日本庭園史。
著作／『都市歴史博覧─都市文化のなりたち・しくみ・たのしみ─』〔共著〕（笠間書院、二〇一一年）ほか。

平井　俊行（ひらい　としゆき）
京都府立京都学・歴彩館副館長。専門は日本建築史。
著作／『近世妙心寺建築の研究』（思文閣出版、二〇一三年）ほか。

古田　裕三（ふるた　ゆうぞう）
京都府立大学大学院生命環境科学研究科教授。専門は生物材料物性学。
著作／『木質科学講座3　木材の物理』〔共著〕（海青社、二〇一七年）ほか。

鍛治　宏介（かじ　こうすけ）
京都先端科学大学人文学部准教授。専門は日本史学（江戸時代）。
著作／『文化史のなかの光格天皇』〔共著〕（勉誠出版、二〇一八年）ほか。

中野渡俊治（なかのわたり　しゅんじ）
清泉女子大学文学部教授。前花園大学教授。専門は日本史学（古代史）。
著作／『古代太上天皇の研究』（思文閣出版、二〇一七年）ほか。

村山弘太郎（むらやま　こうたろう）
京都外国語大学国際貢献学部講師。専門は日本史学（江戸時代）。
著作／『文化を映す鏡を磨く─異人・妖怪・フィールドワーク─』〔共著〕（せりか書房、二〇一八年）ほか。

野田　泰三（のだ　たいぞう）
京都橘大学文学部教授。専門は日本中世史。
著作／『姫路市史　第2巻　本編　古代・中世』〔共著〕（二〇一八年）ほか。

朝比奈英夫（あさひな　ひでお）
京都光華女子大学キャリア形成学部教授。専門は日本古代文学。
著作／『大伴家持研究─表現手法と歌巻編纂─』（塙書房、二〇一九年）ほか。

小林　啓治（こばやし　ひろはる）
京都府立大学文学部教授。専門は日本近代史。
著作／『総力戦とデモクラシー』〈戦争の日本史21〉（吉川弘文館、二〇〇八年）ほか。

編集委員　金田章裕・小林啓治
コーディネーター　吉岡直人・川口成人
杉本弘幸・寺嶋一根

京都を学ぶ【洛西編】──文化資源を発掘する──

2020年3月31日　初版第1刷発行　　定価はカバーに表示してあります

京都学研究会 編

編集委員　金田章裕・小林啓治

コーディネーター　吉岡直人・川口成人・杉本弘幸・寺嶋一根

発行者　中西　良

発行所　株式会社ナカニシヤ出版

〒606-8161　京都市左京区一乗寺木ノ本町15番地

電　話　075－723－0111

FAX　075－723－0095

振替口座　01030－0－13128

URL　http://www.nakanishiya.co.jp/

E-mail　iihon-ippai@nakanishiya.co.jp

落丁・乱丁本はお取り替えします。ISBN978-4-7795-1467-8 C0025

装丁　草川啓三

印刷・製本　ファインワークス